DISCLAIMER

The author and publisher are providing this book and its contents on an "as is" basis and make no representations or warranties of any kind with respect to this book or its contents. The author and publisher disclaim all such representations and warranties, including but not limited to warranties of merchantability. In addition, the author and publisher do not represent or warrant that the information accessible via this book is accurate, complete, or current.

Except as specifically stated in this book, neither the author nor publisher, nor any authors, contributors, or other representatives will be liable for damages arising out of or in connection with the use of this book. This is a comprehensive limitation of liability that applies to all damages of any kind, including (without limitation) compensatory; direct, indirect, or consequential damages; loss of data, income, or profit; loss of or damage to property; and claims of third parties.

Extra Graphic Material From: www.freepik.com
Thanks to: Alekksall, Starline, Pch.vector, Rawpixel.com, Vectorpocket, Dgim-studio, Upklyak, Macrovector, Stockgiu, Pikisuperstar & Freepik.com Designers

This Book Comes With Free Bonus Puzzles
Available Here:

BestActivityBooks.com/WSBONUS20

5 TIPS TO START!

1) HOW TO SOLVE

The Puzzles are in a Classic Format:

- Words are hidden without breaks (no spaces, dashes, ...)
- Orientation: Forward & Backward, Up & Down or
  in Diagonal (can be in both directions)
- Words can overlap or cross each other

2) ACTIVE LEARNING

To encourage learning actively, a space is provided next to each word to write down the translation. The **DICTIONARY** allows you to verify and expand your knowledge. You can look up and write down each translation, find the words in the Puzzle then add them to your vocabulary!

3) TAG YOUR WORDS

Have you tried using a tag system? For example, you could mark the words which have been difficult to find with a cross, the ones you loved with a star, new words with a triangle, rare words with a diamond and so on...

4) ORGANIZE YOUR LEARNING

We also offer a convenient **NOTEBOOK** at the end of this edition. Whether on vacation, travelling or at home, you can easily organize your new knowledge without needing a second notebook!

5) FINISHED?

Go to the bonus section: **MONSTER CHALLENGE** to find a free game offered at the end of this edition!

Want more fun and learning activities? It's **Fast and Simple!**
An entire Game Book Collection just **one click away!**

Find your next challenge at:

BestActivityBooks.com/MyNextWordSearch

Ready, Set... Go!

Did you know there are around 7,000 different languages in the world? Words are precious.

We love languages and have been working hard to make the highest quality books for you. Our ingredients?

A selection of indispensable learning themes, three big slices of fun, then we add a spoonful of difficult words and a pinch of rare ones. We serve them up with care and a maximum of delight so you can solve the best word games and have fun learning!

Your feedback is essential. You can be an active participant in the success of this book by leaving us a review. Tell us what you liked most in this edition!

Here is a short link which will take you to your order page.

BestBooksActivity.com/Review50

Thanks for your help and enjoy the Game!

Linguas Classics Team

1 - Antiques

```
X M N U E P Z A P R Z O I Q
Y O H T A G N A G M U F S I
U L I Y I S L Z U G L W I F
C E F A X R G B E N V D M A
A S E L X C T I R M G I B N
S I N O S I B A X I A U O S
I Y I M I G A L A R I L Y I
B U S A L A D U K O B Y I E
M B H L O H J E S M F O Z U
O U A I E Z S A U G I Y O E
H R T I Z E N E N E N E Y E
U Z D W M X I C C K T W X R
K W K J Y A D F O E L W P C
U M Z E K E L O M T E R Y D
```

UNGUYE	UTYALO-MALI
IFANSI	KUDALA
EYENENENE	IXABISO
ZEMALI	UMGANGATHO
UKUHOMBISA	UBUYISELO
INTLE	UMZEKELO
IFENISHA	ISIMBO
IGALARI	

2 - Food #1

```
I S E K E L A L B I S T I Q
I A W U Y T I I J I M B U W
M T B N L T S N B B D E Z P
W L S X U F O T U N A E P I
Q Z P W K R P V Z M H N P I
A P V C E I H K I L A G I M
I S B N S L U N O Q N L G I
I J U I S I E O N W U N I N
I I B A S I L M V J T E U Q
Q B I S P I N A T S H I B A
U P H L S M N N M T P G I T
Q O Z A V H Z I I N Y A S H
M M N Y L U L S S U X E I A
I P E R E E R I I S A L A D
```

IBHALE	IPERE
I-BASIL	ISALAD
IMINQATHA	ITYUWA
ISINAMON	ISOPHU
IGALIKHI	ISPINATSHI
IJUISI	ISEKELA
ILAMUNI	TOFU
UBISI	TUNA
ITSWELE	IJIMBU
I-PEANUT	

3 - Measurements

```
M  I  I  K  K  O  Y  M  W  E  U  N  R  O
Z  I  D  H  I  R  U  J  B  U  M  S  P  R
U  N  E  U  L  U  Z  N  U  B  Q  A  O  B
Z  T  C  U  O  S  G  L  C  T  U  Y  R  R
U  S  I  B  M  B  Y  T  E  E  L  F  D  G
S  H  M  U  E  Y  A  O  R  S  U  S  G  C
U  I  A  D  T  I  S  I  L  I  V  E  R  E
Q  M  L  E  E  J  J  U  Z  I  T  O  N  U
N  D  S  B  R  I  Q  O  N  D  O  G  A  B
U  Y  B  A  C  E  N  T  I  T  E  R  Z  U
K  I  L  O  G  R  A  M  T  R  I  X  K  N
Z  O  U  X  Q  R  S  T  Z  B  U  C  M  Z
N  D  R  V  S  B  G  O  V  X  F  E  F  I
I  M  I  T  H  A  M  I  Z  N  U  B  U  F
```

BYTE
CENTITER
IDECIMAL
IQONDO
BUNZULU
GRAM
I-INTSHI
KILOGRAM
KILOMETER
UBUDE

ISILIVERE
UMSA
IMITHA
MZUZU
OUNCE
I-TON
UMQULU
UBUNZIMA
UBUNZI

4 - Farm #2

```
S U G H B O A A E I Y A I Z
L B A Z E Y A M A B L Z Z A
U K U T Y A C A U H R Z I N
T X L Z C N J D B A A I L A
O N U F I M I O I L Q T W I
M I X L A I B D S E I R A N
A M A L L C A I X J E N G
H I N S L Z A R J B Q K Y Q
Q L B O O C U H P P E T A O
I M V A N A N O B M U A N L
S I Z I M V U N J I A O A O
I I D A D A K V S U Y H G W
O A V A H G F I B X R S E A
M R U F Y Q Q E N E V Y S Q
```

IZILWANYANA
IBHALE
IBHALA
UMBONA
IDADA
MLIMI
UKUTYA
ISIQHAMO
IMVANA

LLAMA
AMADODA
UBISI
AMAYEZA
IZIMVU
ITREKTA
IMIFUNO
INGQOLOWA

5 - Books

```
Y T C I P E I D A W C N U X
S H F U N I N T L U N G U X
U P G L J G U M B A L I S I
M A U M I Y Q U M B O N G O
B O Y E L I K E L E N A F A
H A I L A B I B L B G C M H
A W H H B R R O I E U H G P
L L I A M Q G H I M L D S E
I A D M E P K I N X V O F H
E H N A Z I D S O I U U T P
U B U D I N I I V F P D M I
E U F E R U T N E V D A I E
O K M X Q G U I L N M E K O
E U U R K T Z Z I J I V V N
```

I-ADVENTURE   UMBALISI
UMBHALI   INOVELI
INGQELELO   IPHEPHA
MEKO   UMBONGO
UBUDINI   ISIHOBE
I-EPIC   UMFUNDI
ZEMBALI   AFANELEKILEYO
AMAHLE   IBALI
IMVUME   INTLUNGU
UNCWADI   UKUBHALWA

6 - Meditation

```
N U K U S H U M A Y E L A I
G G E B U Z O L A K A D U M
L O E L P X T N Z I U M K I
C N E N K S O S F C D V W K
B O U W G Q J L N W I Q A H
I B Z J V Q G I O A A S M U
M M L F E Y O S W K G E K B
F I N D A L O N T A L G E A
E L E B U B U M D O S S L P
S U M C U L O J N O M J E G
A I I M V A K A L E L O L I
N U K U P H E F U M L A A N
E I N G C A C I S O G C K D
B N N C I N G Q O N D O U D
```

UKWAMKELELA	NGENGQONDO
VUKA	INGQONDO
UKUPHEFUMLA	UKUSHUMAYELA
ZOLA	UMCULO
INGCACISO	INDALO
IMFESANE	UXOLO
IIMVAKALELO	IMBONO
IMIKHUBA	CWAKA
UBUBELE	

7 - Days and Months

```
A E H N E A H R A W D E Y E
Z W K R G Y N Y A K A K X Y
P P Q R W O O P O F G U U O
N D P M J F A M O Y Q H N M
J T K N T S O P S A Q T A D
U L W E S I N E R I J A L U
E Y O M Q U N G U I N H H M
I M G Q I B E L O T L T I B
K C I N Y A N G A S U I S A
E N A Q I G E M W A M S E I
V E X W D B Q Z H G V E W B
I S V X E I O F D A U W L E
E Y O K W I N D L A L L U P
U L W E S I B I N I O U Q L
```

NGOAPRILI   MGQIBELO
AGASTI   EYOMSINTSI
EYOMDUMBA   ICAWE
ULWESIHLANU   ULWESINE
EYOMQUNGU   ULWESIBINI
EYOKWINDLA   ULWESITHATHU
UMVULO   IVEKI
INYANGA   NYAKA
EYEDWARHA

8 - Energy

```
K C I I I N I H S I H S I C
O U Z T N I E I L I Z I D I
T B I U O N L U B A M P M N
E U B R H J E M M H Y B B O
N S U B B I K O Y K E Q L T
T H S I A N T Y D F S T I O
R U I N H I R A Y X T D R F
O S A E K F O T O M I O U I
P H G E I E N I L O S A G I
Y U K K Z A W Y I Z A L H I
I N U C L E A R N M P I M U
L V V Z L R O T A V E Y S U
U M B A N E C E M P Y K A X
W T Q A R C P N E F P W O F
```

IBHETRI
IKHABHONI
IDIZILI
UMBANE
I-ELEKTRON
INJINI
ENTROPY
IMEKO
IZIBUSI
IGASOLINE

UBUSHUSHU
NAME
ISHISHINI
IMOTO
I-NUCLEAR
IFOTONI
IHLAZIYWA
ITURBINE
UMOYA

9 - Chess

```
N T U T I N I D I A I U Y M
J O C M R X E I L I N K O H
S Q U O D O E P V U G U X L
V A K N J L H S P B Q M W O
J G P A G A A J H E W K E P
U I B W N L G L T A E A S H
Z M D S C D N M I M L N I E
S I C I D M I H Y A E I S I
W O Q H C U H L B Y L K O Q
L N L P A J Q S C N I A Z U
T M B U K S I X V M K Z K Q
O P L H E V I S A P I I L V
I I N K N M U K U M K A N I
D N C U Y W U T H E T H O N
```

MNYAMA	UMDLALI
INGQWELELI	UKUMKANIKAZI
UKHUPHISWANO	IMIGAQO
YOXWESISO	IDINI
UMDLALO	IQHINGA
UKUMKANI	IXESHA
UMCHASI	UTHETHO
I-PASIVE	MHLOPHE

10 - Archeology

```
I  E  K  D  I  U  H  L  A  L  U  T  Y  O
M  R  O  L  N  N  A  N  G  C  W  A  B  A
P  A  L  Q  Z  O  M  I  Q  W  N  P  F  G
U  B  H  I  A  Y  A  J  F  S  F  X  R  N
C  Z  I  G  L  N  T  X  Y  O  Z  I  H  I
U  S  F  P  A  A  H  I  G  L  S  C  N  J
K  J  M  L  H  V  A  M  R  G  H  S  F  N
O  L  U  D  N  A  M  A  U  E  E  V  I  U
H  O  U  A  R  V  B  H  A  K  L  Y  P  L
I  Q  Y  Y  O  U  O  Z  M  P  G  I  S  X
S  Q  Z  H  I  T  E  M  P  I  L  E  C  B
P  X  E  W  B  I  L  I  I  Z  I  N  T  O
J  C  Z  L  I  N  G  C  A  L  I  S  D  R
S  W  H  E  A  N  A  M  U  F  A  W  Z  F
```

UHLALUTYO	IFOSSIL
AMANDULO	UMFIHLO
AMATHAMBO	IZINTO
IMPUCUKO	UNJINGA
INZALA	I-RELIC
ERA	WAFUMANA
UVAVANYO	IQELA
INGCALI	ITEMPILE
ILIBWE	NGCWABA

11 - Food #2

```
C I S O N A D Z T I G N I I
G S I A R T I C H O K E T N
X I N G Q O L O W A J B U T
I R E L I S I A N K B Z M L
A I M M C C T W G L M W A A
Q P I H A M S P I Q F K T N
N G I J G U H K U K N I O Z
T B V L G G E K P F I O I I
D H G M E R K Q P C J Y H
S D O Z I H I L P Y W F O S
U M D I L I Y A I J K T G I
D L U I B R O K H O L I U H
A K Q I B H A N A N A L T S
I T S H O K O L E T I E I I
```

APILE	EGG
I-ARTICHOKE	INTLANZI
IBHANANA	UMDILIYA
ISONA	IHAM
IBROKHOLI	IKIWI
ISILERI	IRISI
ISHISHI	ITUMATO
ITSHERI	INGQOLOWA
INKUKHU	IYOGUTI
ITSHOKOLETI	

12 - Chemistry

```
I  Z  I  N  T  O  L  D  I  M  E  W  L  U
I  N  U  C  L  E  A  R  E  I  J  V  E  X
I  G  A  S  I  P  W  S  N  A  G  C  V  U
I  J  L  P  S  I  C  H  N  C  E  I  V  X
A  K  I  N  T  M  M  F  Y  I  M  Y  B  V
I  T  H  E  K  E  L  S  M  D  C  M  E  I
R  K  O  A  V  B  Z  J  E  U  E  X  Q  E
L  Y  L  M  B  I  O  R  G  A  N  I  C  L
C  B  I  O  I  H  K  T  V  W  I  D  Q  E
W  A  G  B  R  K  O  Y  D  U  T  G  M  K
P  K  I  N  O  I  I  N  R  Y  A  B  U  T
T  U  H  U  A  M  N  D  I  T  T  D  R  R
I  I  M  E  T  A  L  I  S  I  S  Z  I  O
I  C  A  T  A  L  Y  S  T  N  A  M  E  N
```

I-ACID   IGASI
ASTATINE   I-ION
ATOMIKI   ULWEMI
IKHABHONI   IIMETALI
I-CATALYST   I-NUCLEAR
IKLORIN   I-ORGANIC
I-ELEKTRON   NAME
IZINTO   ITYUWA
I-ENNYME

13 - Music

```
F K J A U K U R E K H O D A
I K T U I N S T R U M E N T
U O I A L B H A M U E E B K
M I P U M Z I K R O F O N I
C M C E M C I N O M R A H I
U V I B R V B Y D F R N J D
L U S O A A H V M D Q E P K
O M I H K C O W S Q R Q T E
V I X I M H L A C I R Y L I
O W E S E O A I S I X E K O
C G S I L R C Y W Z H D Z K
A D H C O U Z U V Z N F T J
L X A K D S R A L A Q U K O
D A O L Y N O M R A H E W K
```

IALBHAMU
IBHOLA
CHORUS
OKUQALA
IHARMONIC
KWEHARMONY
INSTRUMENT
I-LYRICAL
MELODY
UMZIKROFONI

UMCULO
I-OPERA
ISIHOBE
UKUREKHODA
ISIXESHA
ISIXEKO
CULA
IMVUMI
VOCAL

14 - Family

```
G E I A W Q R Y Z T J U M U
U M A K H U L U D L G M U T
T U U X C A L A Z M U A L A
G L G M E A N A H S T M U T
U A U U Y I Z A Y N U A K A
B M M H V E G I W I X O U B
U J N F Q C N Z M T I I Z Y
N X T U Z I S I S U N Z M R
T G W X X N R E K H T A U I
W I A F J M G O U B O K B Z
A D N S Z U F F U U M A I A
N X A A M A W E L E B M X F
A A F O Y H O H L F A I T M
U T A T O M K H U L U I Q U
```

UNYAZI
MAKAZI
UBHUTI
UMNTWANA
UBUNTWANA
ABANTWANA
UMZALA
INTOMBA
UMZUKULU
UTATOMKHULU

UMAKHULU
UMYENI
UMAMA
UMTSHANA
UMNICE
UTATA
USISI
AMAWELE
MALUME
UMFAZI

15 - Farm #1

```
I  M  C  Y  R  A  A  Y  N  A  Y  N  I  C
S  B  Y  G  E  J  I  M  B  E  W  U  S  A
U  I  E  F  T  N  U  V  I  S  I  R  I  T
B  N  M  E  F  I  K  M  M  H  R  Q  C  M
U  K  H  E  W  H  K  O  H  B  I  M  H  I
H  U  C  J  U  I  U  M  M  L  G  L  U  H
X  K  I  C  E  T  M  I  Z  O  O  Q  M  A
O  H  I  I  Y  H  H  L  X  A  M  B  I  S
E  U  N  F  V  O  L  O  V  Q  W  D  O  H
S  L  U  U  O  L  A  Z  Q  P  I  I  M  I
J  J  T  L  M  E  B  E  Z  H  Q  C  A  Y
I  Z  N  A  M  A  A  R  M  C  O  K  N  E
U  T  H  A  N  D  O  F  F  O  M  G  J  L
K  T  V  J  D  I  D  O  N  K  I  R  T  Q
```

EZOLIMO	UTHANDO
IBEE	ISICHUMI
INYANYA	UMHLABA
ITHOLE	IBHOKHWE
CAT	IFULA
INKUKHU	UBUSI
YENKOMO	IHASHI
UMHLOBO	IRISI
INJA	IMBEWU
IDONKI	AMANZI

16 - Camping

```
I  K  H  F  K  I  N  I  B  A  H  K  I  I
K  I  G  K  C  H  B  N  Y  S  D  U  B  A
S  A  J  W  O  L  I  L  M  U  Y  M  I  D
I  G  M  L  M  A  B  A  W  N  O  N  H  V
P  N  A  D  M  T  D  J  W  M  D  Q  C  E
I  I  G  P  A  H  E  I  M  L  F  W  I  N
C  Z  N  P  H  I  G  P  Q  A  F  A  I  T
O  U  A  T  I  N  T  A  M  B  O  Z  S  U
M  K  Y  I  E  I  N  M  B  A  H  I  I  R
P  U  N  T  N  N  K  I  Y  T  H  E  S  E
A  L  I  C  D  D  T  A  C  N  E  F  U  W
S  L  I  J  E  L  A  E  N  L  I  U  N  I
S  I  M  I  T  H  I  L  O  O  C  N  G  F
E  E  N  Z  I  X  V  X  O  S  E  Z  U  Q
```

I-ADVENTURE	ISISUNGU
IKHABINI	ICHIBI
IKANOE	I-MAP
I-COMPASS	INYANGA
UMLILO	NTABA
IHLATHI	INDALO
ONWABA	INTAMBO
IHAMMOCK	INTENTE
UMNQWAZI	IMITHI
UKUZINGA	

17 - Algebra

```
L E N X A K I O H B I I J U
Z R M R A V H Z Y O N S I K
U M G C A B K E N T G I N U
M O K U L H A M U X X S A T
O U E B M H A B G O A O N H
F Z F O A B M U A R K M I A
I J S X R F M C T L I B H T
W Z G E G D R C S U I U T H
Y E N Z A L U L A B U L A A
N U V W I L E R L U N U L W
O Z H C D A Q V X X O L A C
V C D D I G X W C O T O S K
I Q H E L O C T F K H R I D
O N G E N A M F I I I A Z L
```

IDIAGRAM
LENXAKI
ISALATHI
UMBA
UBUXOKI
IFOMU
IQHELO
ONGENAMFI
UMGCA

INANI
ABABALI
INGXAKI
YENZA LULA
ISISOMBULULO
UKUTHATHA
UMAHLUKO
UNOTHI

18 - Numbers

```
E N A N I L E I M U H S S B
L J T L I M U H S H H D I R
I F B A I D I H N T N R X M
N Y V E N I E B P A C N H Z
E A T S I D V C O T N Q E B
S S J I B T A T I N Y L N T
I M H B I H I T A M E B G A
X B O H S O N Q H M A H X H
H A L O E B C S I U F L E T
E H A Z N A M B I N I I D Q
N N B O I H T O N U I I M T
X W I Q L N T L A N U V B Z
E R Z Z E O H V Q D Y E H N
E L I N E S I H L A N U Z I
```

IDECIMAL
SIBHOZO
ELINESIHLANU
NTLANU
EZINE
SHUMI ELINANE
IZIBALO
THOBA
NYE

SIXHENGXE
ELINESIXHENXE
NTANDATHU
SHUMI
NTATHU
ELINESIBINI
MBINI
UNOTHI

19 - Spices

```
U D C C P P A P R I K A K S
N O R F A S I Z N A M A A D
Q C B P R E D N I R O H K I
I T S W E L E F C U M J P I
I V A N I L A L L A T H B N
I F E N U G R E E K P R K U
I K H A R R Y N I S L H A T
I I I T F E V N X A M B O M
K N C J C M Y E Q C N E O E
A K K I I L P F D Y I I N G
K B N O M A N I S I M Z S H
A R K A R K U B U G U B S E
V I K H A D I M O M C A H Q
A W U Y T I I G A L I K H I
```

I-ANISE
UBUKRAKRA
IKHADIMOM
ISINAMON
IKAKAVA
IKHORINDER
CUMIN
IKHARRY
I-FENNEL
IFENUGREEK

INCAPHO
IGALIKHI
IJIKI
I-NUTMEG
ITSWELE
PAPRIKA
ISAFRON
ITYUWA
AMANZI
IVANILA

20 - Universe

```
I  F  U  E  T  I  E  U  I  L  A  N  G  A
E  H  P  H  S  T  C  F  M  S  B  H  C  H
B  I  O  L  M  A  I  O  E  H  L  V  D  V
O  H  K  R  N  A  T  X  S  Y  L  Y  R  C
N  E  S  U  I  S  S  F  E  M  D  A  D  J
A  M  E  M  U  Z  L  K  Z  O  I  W  L  K
K  I  L  Q  B  P  O  G  U  N  O  C  U  A
A  S  E  U  U  D  S  N  L  O  R  I  M  G
L  P  T  L  M  E  I  V  W  R  E  Z  M  N
A  H  I  U  N  E  Y  P  I  T  T  O  A  A
Y  E  M  N  Y  D  H  U  N  S  S  D  N  Y
O  R  O  K  A  U  K  Y  I  A  A  I  D  N
M  E  W  O  M  B  Y  E  C  I  I  A  L  I
K  A  H  P  A  U  M  O  Y  A  J  C  A  C
```

I-ASTEROID	UMMANDLA
I-ASTRONOMY	UBUDE
UMOYA	INYANGA
EZULWINI	UMQULUNKO
I-COSMIC	ILANGA
UBUMNYAMA	I-SOLSTICE
WAY	ITELESKOPU
UMHLALA	EBONAKALAYO
I-HEMISPHERE	IZODIAC
I-HORIZON	

21 - Mammals

```
N U I I I K Y N M L I I I I
D Z N O B H M X K R K M N N
L E G K X H A J N I A P K G
O B C A Q V E S B G N U U O
V R U M O I E V H W G N N N
U A K V Q T X S A I A G Z Y
H E A L L I R O G U R U I A
I W H A L E H M I C O T P M
K A U M H L A B A Z O Y H A
C A T I C O Y O T E I E F M
U M V U N D L A F B B M V D
I D O L P H I N K J W H V D
B H E B H A T C R A Z N B U
C M U O N E Z R I R F Q Z V
```

BHEBHA
IBHEVA
INKUNZI
CAT
I-COYOTE
INJA
IDOLPHIN
NDLOVU
IMPUNGUTYE
GIRL

UGORILLA
IHASHI
IKANGAROO
INGONYAMA
UMHLABA
UMVUNDLA
IZIMVU
I-WHALE
INGCUKA
UZEBRA

22 - Fishing

```
Y A H U E N Q U W R B H L N
Y T T I Z S L L Z E K S H X
T T O N U S W W I B I H C I
F M I T E K S A B I L K O E
U M L A M B O N F M G S L N
H O O K B E L D O X Y I U A
A M A N Z I P L O N P J D M
R M A R U H P E Q I S I N I
O M T Z O U E B H E K E E Z
J A D R S F M T E E P O P N
P H E K I S A O P B V P M U
U M H L A T H I N S R Y I B
U K U B A X A X M D E E I U
A G R O G J X U I C E L R O
```

I-BAIT   HOOK
I-BASKET   UMHLATHI
EBHEKE   ICHIBI
ISIQEPHU   ULWANDLE
PHEKISA   UMONDE
UKUBAXA   UMLAMBO
IIMPENDULO   AMANZI
IIGIDI   UBUNZIMA

23 - Bees

```
V E R I T S H A Y A K O I I
T O O H S Y R L R B I B N Z
N A T A L I C V S E C L Z I
D Q A A I Q Q A Y T U K U T
C A N O A E C H T F T U Z Y
I V I H I O C R A Q L B O A
S Q L I N E L O P M U U H L
I W L I P T N E S V O S S O
S J O I L A N G A Y T I Q V
U J P F I I G A D I S N I M
N M U W S I A S O H P T E A
G I I I N T Y A M B O U E C
U U K U M K A N I K A Z I M
B A B A N A M A N D L A I H
```

INZUZO	IZITYALO
NATAL	UMPOLENI
I-ECOSYSTEM	UPOLLINATOR
IIINTYAMBO	UKUMKANIKAZI
UKUTYA	TSHAYA
ISIQHAMO	ILANGA
IGADI	I-SWUM
I-HIV	BABA NAMANDLA
UBUSI	ASO
ISISUNGU	

24 - Photography

```
U H L E L O G R O U H I Y F
I M B O N O D U X M A K P P
U B U M N Y A M A A L H N O
K Y G O R I L E M H A A Q Y
R Z Q F J C A F C L Q M F A
A C Q U Z G B R N U U E S W
M N Y A M A M X L K K R G N
U O T V N Q U J E O O A Z O
J B P U K U K H A N Y A J B
U Z U E M A R F I K E Z L U
F Z C D H O G N O J N I O K
D U V Z L K F U M X H O L O
J V S I B O S I C A C G N I
O I M I T H U N Z I P S F J
```

MNYAMA
IKHAMERA
UMBALA
UHLELO
UMAHLUKO
UBUMNYAMA
INGCACISO
IFOMU
IFRAME

UKUKHANYA
INJONGO
IMBONO
EYOKUQALA
IMITHUNZI
UMXHOLO
UBUDLO
OKUBONWAYO

25 - Sports

```
U U D L L M P J U U I L U O
I K M W L R Y X M M G A B I
A B U Q Q M E K D D A Q U Y
L F H S E Q J S L L L P N I
A E N O H Q W V A A U I T M
H P I J L U E J L L F H S N
B M S F J A M S I O U O H A
K E I M G L N A H B C K I S
S P N G E E T P Y I U I N I
H M E U D Q B V L E C F T U
B O H A R I T I D Y L D S M
I S T A D I U M B J N A H W
X U I L A B M I J S S Q I S
I B H A Y I S K I L E C F K
```

IMBALI	IYIMNASIUM
IBHOLA	IHOKI
IBHSKBHALA	UKUSHUMAYELA
IBHAYISKILE	UMDLALI
UBUNTSHINTSHI	USOMPEMPE
UMQEQESHI	ISTADIUM
UMDLALO	IQELA
IGALUFU	ITHENISI

26 - Weather

```
P  I  I  S  I  C  H  O  T  H  O  Z  G  F
G  L  I  M  E  K  O  Y  E  Z  U  L  U  X
E  I  D  F  F  A  I  P  H  E  P  H  O  Z
E  F  U  M  K  H  U  M  B  O  W  I  H  O
L  U  L  B  T  O  P  R  V  O  W  G  Y  L
I  S  I  B  H  A  K  A  B  H  A  K  A  A
M  I  D  J  X  D  Y  L  V  H  G  E  N  L
O  U  N  I  V  W  N  O  O  S  N  O  M  E
Y  M  D  K  H  F  C  P  M  D  I  A  F  L
U  B  M  P  U  C  M  I  U  U  W  P  V  A
W  A  U  B  K  N  P  Y  D  X  Q  C  S  B
Z  N  I  U  R  D  G  S  N  Y  I  E  O  M
K  E  F  Q  A  G  E  U  I  Y  S  O  D  I
I  N  K  A  N  Y  A  M  B  A  I  G  Y  K
```

UMOYA	ISICHOTHO
IPHEPHO	UMBANE
ZOLA	MONSOON
IMEKO YEZULU	IPOLAR
ILIFU	ISIBHAKABHAKA
IMBALELA	ISIQWINGA
YOMILE	INDUMO
UMKHUMBO	INKANYAMBA
INKUNGU	

27 - Circus

```
M  I  I  I  J  U  G  G  L  E  R  D  G  N
N  N  S  C  E  H  S  N  S  U  U  C  R  B
D  T  I  U  N  F  R  Y  I  B  X  F  O  I
Z  E  X  J  E  R  Q  O  M  N  J  Z  O  Z
F  N  H  I  N  G  O  N  Y  A  M  A  U  I
F  T  O  L  U  C  M  U  Y  G  B  D  M  L
I  E  B  K  H  M  E  L  A  J  D  F  B  W
T  A  O  A  B  A  L  H  M  U  R  S  O  A
J  R  C  D  I  I  P  A  R  A  D  E  N  N
X  J  I  R  W  E  F  L  V  E  Q  K  I  Y
B  L  M  C  O  G  J  B  F  Z  G  Y  I  A
M  I  S  Q  K  B  E  C  I  N  T  I  G  N
N  D  L  O  V  U  A  S  I  N  O  B  T  A
U  M  L  I  N  G  O  T  X  C  J  J  J  I
```

I-ACROBAT	UMHLABA
IZILWANYANA	UMCULO
IBHUNENE	I-PARADE
ISIXHOBO	BONISA
NDLOVU	UMBONI
IJUGGLER	INTENTE
INGONYAMA	I-TIGER
UMLINGO	TRICK

28 - Geology

```
U N I E I Z T R A U Q I I I
M U I C L A C I K Q T F L I
J O E T F Y Y J X L T O A M
I L E T I T C A L A T S V I
K T M U R A W U Y T I S A N
E L E H Q M U J M L P I N E
L Z A C X A B O K N E L U R
O I I N Y I K I M A W I A A
B C I I N Q W A B A Z A E L
T O I V O L C A N O E C T S
U R I G E Y S E R T W I A X
H A M S O Y S H F V Z D L V
W L Z X P N X Z J M E T P Z
U K H U S E L E K O J W I S
```

I-ACID
ICALCIUM
UMQHELE
EZWEZWE
I-CORAL
IINQWABA
UMJIKELO
INYIKIMA
UKHUSELEKO
IFOSSIL

IGEYSER
I-LAVA
ULENKO
IIMINERALS
IPLATEAU
IQUARTZ
ITYUWA
STALACTITE
AMATYA
IVOLCANO

29 - House

```
W O F F U N A M E F R K C O
F X L V P M A Y O G N A C U
I D E D R T P P D L M O Z J
B G C F B K O H N I G A D I
M I A G N O J I A X F K B U
U A L R U O N F H K B F M N
G T P Q A W C E T H A V K Y
I T E V A J P N U W E T J Z
J I R I L A I I O E S V H K
L C I K A N A S U H K M U I
H A F A E R R H U D O N G A
X D I B D E N A B I S I N B
R J X I Z I Q H O B O C K N
I B A S E M E N T B M B D H
```

I-ATTIC   IGARAJI
I-BASEMENT   IGADI
UMKHUSANA   IZIQHOBO
UCANGO   NAME
UTHANDO   ISIBANE
IFIREPLACE   JONGA
UMPHAKATHI   IGUMBI
IFENISHA   UDONGA

30 - Physics

```
I A T O M E I B E N T O N I
B N U I N I H S T A M O O E
Y X F I H T E H P A H K I L
U X I N A N I S O E H N M E
I F O M U C T H S J E Y O K
Y C S P I N P J Q Y D L T
I N U C L E A R F Q S U E R
N D K W U Y K K Y M S H K O
I S A G I A C R U K V K Y N
J V G E V X Q X Y Y J H U E
N I M A N E T I S M N T L T
I Z O N A M A L A W L U I R
U M S A S I D N A W K U K E
U K U Q H E L E K A G R W U
```

UKUNYUKA	IGASI
IATOM	I-MANETISM
IKHAPHETHI	UMSA
KANTI	OOMATSHINI
UXINANISO	IMOLEKYULI
I-ELEKTRON	I-NUCLEAR
INJINI	BENTO
UKWANDISA	ULWALAMANO
IFOMU	I-SPEED
UKUQHELEKA	

31 - Bathroom

```
V Q I A H P E S I A I J K I
O R S M E R I G Y R S G T T
J I I A G N O J D G H Y K A
M W K Q N N T E C U A F I W
L J E H O O P M A H S I P U
S X R A P I Y U X M H G K L
Y T E K I T A F R G A I W I
E T E A S O N R I B H A F U
H O W A I L G E I R U G G N
K Q K G M Q A P W Z P R Z E
W Q Y E K G S I S Y N U P L
V M I D X G E P O W Z A F R
G J T N O L S T D K S L M O
F J Y G W T E G G C O A W A
```

IBHAFU	ISHAMPOO
AMAQHAKA	ISHASHA
I-FAUCET	ISEPHA
LOTION	ISIPONGE
JONGA	STEAM
I-PERFUME	YANGASESE
I-RUG	ITAWULI
ISIKERE	AMANZI

32 - Dance

```
E X P Y O L A B A B U E M I
X Z U M Q H U B A C K I I S
O K E B U C K N E Y U T C I
L A I M U N G U Y E S F H X
E U N Z V I K J X L H I O E
L S K N A E A Y X U U A R S
A N C K U J L I Y M M C E H
K C U Q C G A I L Z A A O A
A A B A F P Q K M I Y D G I
V D E D T N U H V M E E R F
M M K T T C K M I B L M A K
I H O G J G O U M A A Y F B
U M C U L O X I P C B O I Q
U V U Y I L E Y O Q O E K M
```

I-ACADEMY   UBABALO
UNGUYE   UVUYILEYO
UMZIMBA   UKUSHUMAYELA
ICHOREOGRAFI   UMCULO
OKUQALA   UMQHUBA
YENKCUBEKO   ISIXESHA
INKCUBEKO   EZEMVELI
IMVAKALELO

33 - Colors

```
R A K G E X M Y C M X N I T
S L G S H R F S J N D B S F
I B O M V U U V E W G N E U
G A Z I T V S Z S C V Q P C
M J T I U M A S A T Q B I H
W N A Y C O Z M Y E M E A S
B D Y P A B A C I H A I C I
X A Q A R X L W B P Y G L A
U M J W M L H V U O I E S O
O D V G L A U T H L A N W R
Z R C O U B L Q T H W W K E
N T S U N D U K M M L F O N
U M I V I O L E T B C Z R J
D W K B E M M M Y A L T Y I
```

AZURE   ORENJI

BEIGE   I-PINK

MNYAMA   MFUSA

LUHLAZA   BOMVU

NTSUNDU   I-SEPIA

CYAN   I-VIOLET

FUCHSIA   MHLOPHE

NGWEVU   MTHUBI

IBOMVU

34 - Climbing

```
E V J P O G P T M V F R C V
A M I H E M E T M G J C T B
M O N U F M U U M G Q O L O
A V N C T N Q D A C Y Y S D
N P A M I Z N I Z U B C G O
D E H O D N A H P U S F C T
L A K C F E C I B H U T H U
A N Q F P G P I L A C G N I
U K W E N Z A K A L A V C Z
I K C Q C V Q Y K F Z I U B
R T T K G S E V O L G I I Y
U Q E Q E S H O Z M G A Y U
I Z I K H O K E L O U X B J
U K U H A M B A G K I Z N V
```

UPHANDO
UMOYA
IBHUTHU
UMGQOLO
UMFUNO
INGCALI
IIGLOVES
IZIKHOKELO

I-HEMET
UKUHAMBA
UKWENZAKALA
I-MAP
EMNCINCI
UZINZI
AMANDLA
UQEQESHO

35 - Shapes

```
I O G V V I D I M A R I H P
S U M G C A O S S X I B I K
Q I K O N A V I I G H E P W
U C Z E R J A L R I Y S O I
A E N F Q S L I P U P E L M
R Y C U Z A B N I N E L Y I
E D N A X U K D X Q R I G P
V V M P F C R A I U B S O H
K D F K P R R A N T O T N E
M B U T V M M Q H H L F D T
I S A N G Q A K U U A O Z H
U L U B M U H B I C A L A O
U H M W V Q U A U B G N W :
J R L P N K B N E L X F F E
```

I-ARC   UMGCA
ISANGQA   OVAL
IBHUMBULU   IPOLYGON
IKONA   IPRISM
BESELI   PHIRAMIDI
IGXA   UXANDE
ISILINDA   ICALA
KWIMIPHETHO: I-SQUARE
I-HYPERBOLA   UNQUTHU

36 - Scientific Disciplines

```
N M O L D N O Z I O I I I I
I M I W L O Z I B O N E I A
J B J Y D I D E H M E K M N
O I H G Y J R G A A U H U A
L J I O R O Y H Y T R O N T
O O B L T L M G I S O L O O
R L H O S A O G S H L O L M
O O Y H I L N U I I O J O I
E J O C M T O I O N G I J V
T I L Y E N R D L I Y U I J
E L O S H E T Y O J K Y G E
M Y G P K Z S N J K U V W N
I L Y I I E A X I Z P L E P
E I J O L O I S E N I K I M
```

I-ANATOMI
I-ASTRONOMY
IBHYOLOGY
IBHOTANI
IKHEMISTRY
IEKHOLOJI
IJOLOJI
IIMUNOLOJI
IKINESIOLOJI

IZOLWIMI
OOMATSHINI
IMETEOROLOJI
I-NEUROLOGY
IZONDLO
IBHAYISIOLOJI
I-PSYCHOLOGY
EZENTLALOJI

37 - Science

```
H A B Q R I Z I T Y A L O H
I I M O L E K Y U L I U L U
Z U L U Z E Y O K E M I A Q
N J Z C N U W S J J E N D H
I D A T H A K L G I Y Y N E
J X U K A Q N A M A C A I L
I N D L E L A R N A S N I E
E C I I E C R E U T T I A K
K Z Y Z F B F N M X I S T O
E H G T S B X I V C J O O X
I F O S S I L M A O L L M I
H Y O P L O S I L H U H P I
X Q F P G V R I D O H I Z L
I F I Z I S I T H I P B A H
```

IATOM	UQHELEKO
KANTI	INDLELA
IMEKO YEZULU	IIMINERALS
IDATHA	IIMOLEKYULI
IPHUHLISO	INDALO
UMVA	AMANQAKU
INYANISO	IFIZISITHI
IFOSSIL	IZITYALO

38 - Beauty

```
I U L U H L U W M L T V U U
O Z N O K N I I A I V N M B
Z W I U X P S P S P J E B A
G C U T P B P K C S X Z A B
M P I B H U V J A T E I L A
L C L N N O M C R I X M A L
W A F L E D M K A C X K C O
S U N U D G M B H K K W V D
I S H A M P O O E U G U G I
V U V G L D O T G Z L Y Y Y
E L T N I Q Q R O B M E O Y
E U U O I Y D U F H O I K V
Q G S J I C U R L S P Q H O
U B U D A L A E R E K I S I
```

UMKHULEKO
UMBALA
IZITHOMBE
I-CURLS
UBUDALA
INTLE
IGUGU
UBABALO
LIPSTICK

MASCARA
JONGA
IPHOTOGENIC
ISIKERE
IINKONZO
ISHAMPOO
ULUSU
ULUHLU

39 - Clothes

```
I L Y S E V O L G I I I I P
I Z A W Q N M U G A N B P O
U M I Z U H B I C P X H A H
H W I Q I U I F C R E U J I
T U O O I S P H D O K L A B
A A B I X N I K E N O U M R
P C A J Z D I A H P I L A A
M K F X J N A S T N A W S C
I S I K H A F U E H D E R E
I N I H S E F I D K U N D L
P W G L Q J L X J I I D E E
M K L S M I R E T A W S I T
I J A C K E T R I K S U O M
I B H A T H I H A M O J I J
```

I-APRON	IZIQINISEKISO
IBHUZIMU	INXEKO
IBRACELET	I-PAJAMAS
IBHATHI	IBHULULWE
INXIBA	IIMPATHU
IFESHINI	ISIKHAFU
IIGLOVES	IHEPA
UMNQWAZI	ISIATHU
IJACKET	SKIRT
IJEAN	ISWATER

40 - Ethics

```
C U U E U B U L U M K O B I
X W T D T V K Q H X M O A M
U A N N I F O S O L H P I F
K X U O A P I N G Q I Q O E
U I B M J Z L I R S D Y D S
N N U U Q O H O B Z X H W A
Y Y T O L E Z E M A Y N U N
A A N I I T D E Q A K I H E
N N U Q S S T D P M T B J T
I I L N A I U M F I C I K A
S S U C F Q D E N D E T K N
E O H N K D T I C N C B Q A
K I T H E M B A M I R X V Q
A U B U B E L E S A I Y M S
```

ULUNTU
IMFESANE
ISIDIMA
UDIPLOMATIKA
UKUNYANISEKA
UBUNTU
INDIMA
UBUBELE

ITHEMBA
UMONDE
IPHLOSOFI
INGQIQO
INYANISO
UNYAMEZELO
UBULUMKO

41 - Insects

```
I N T A K U M B A M W G T A
I B E E J I L A R V A A E P
C G B G O T U O J T Q T R Q
N I U D N U N I R N O A M U
I H H B J D V C P A E H I R
C O Q U Y S W V L G D B T X
N R U M L D W A S P K A E Q
I N Z N J V A T I A P H I D
S E J C Z H M L B S F B S C
I T M O J D X R M O H I E S
P Q P K A V A V O B M I N U
K Q E O O M I N T E T H E B
U F A L U T E G N A L D I V
Z F F V A P N S I T N A M U
```

IMBOVAVA	I-HORNET
I-APHID	LADYBUG
IBEE	I-LARVA
UQHUBE	INTETHE
IBHABHATA	UMANTIS
CIADA	INCINCI
IQELA	INUNDU
IDLANGE	TERMITE
INTAKUMBA	WASP
INTOMBI	UMNCOKO

42 - Astronomy

```
I  Q  M  I  D  Q  Z  Q  P  D  V  C  I  I
H  M  I  S  A  T  E  L  L  I  T  E  L  A
T  P  I  N  S  J  I  G  K  O  I  I  A  S
E  F  U  S  Y  R  R  I  F  R  N  P  N  T
K  B  M  O  A  P  G  E  Z  E  Y  L  G  R
O  S  H  M  M  B  L  E  N  T  A  A  A  O
R  U  L  S  A  E  A  D  H  S  N  N  U  N
I  P  A  O  G  Y  Q  L  U  A  G  E  M  A
A  E  L  C  E  G  N  U  H  I  A  T  N  U
R  R  A  I  Z  S  X  R  I  M  U  H  Y  T
N  N  I  M  E  T  E  O  R  N  U  I  A  B
N  O  H  T  U  B  M  U  R  O  O  V  M  C
O  V  I  Z  O  D  I  A  C  G  V  X  A  F
W  A  L  E  Q  A  M  A  D  B  S  I  E  E
```

I-ASTEROID   ZEGAMA
I-ASTRONAUT   UMBUTHO
AMAQELA   IPLANETHI
I-COSMOS   IMISA
UMHLABA   IROKETHI
UMNYAMA   ISATELLITE
EQUINOX   ILANGA
UMHLALA   SUPERNOVA
I-METEOR   IZODIAC
INYANGA

43 - Health and Wellness #2

```
I  C  Y  U  U  I  M  P  I  L  O  O  N  B
K  N  U  U  K  U  G  S  I  M  Z  Z  I  N
A  Q  K  X  U  O  K  E  C  O  C  U  Z  C
L  T  V  H  T  I  A  U  R  X  Z  F  O  U
O  P  I  W  Y  X  F  Q  M  H  W  U  N  K
R  J  K  A  A  V  R  R  E  A  B  Q  D  U
I  E  L  E  L  D  E  H  B  I  S  I  L  D
U  A  E  I  M  O  T  A  N  A  I  I  O  L
S  M  U  Q  M  I  S  I  F  O  I  Z  S  A
U  A  M  I  L  A  U  K  W  A  L  A  F  A
L  N  A  X  M  K  L  O  G  G  L  G  C  D
E  D  S  B  P  O  N  I  M  A  T  I  V  I
L  L  U  J  L  F  D  G  T  B  Z  N  A  Z
O  A  A  T  U  B  U  N  Z  I  M  A  O  Q
```

UKWALA	ISIBHEDLELE
I-ANATOMI	UCOCEKO
UKUDLA	USULELO
IGAZI	UKUMASISA
IKALORI	IMOD
UKUTYA	IZONDLO
ISIFO	IMALI
AMANDLA	USAMUEL
UFUZO	I-VITAMIN
IMPILO	UBUNZIMA

44 - Time

```
M R V U N T I V M P V W E P
T H V W A D N E L A H K I H
Y Q L J M K I Z O L O K H A
P U M A H E A S S X A U S M
I D R F L K I Y B Z D N O B
M M H E A B Y D N A B G W I
U K O G N N T S E N I E I U
H J U P J R J Q J X K K K W
S B Z C E G X Z K X E U A E
E K U Q A L E N I M V D M M
D E Z S B U S U K U I A V I
I M M F O A H Q T W E L A N
K V G A J Z N X K P X A Y I
L A I N Y A N G A X L W S M
```

EMVA
PHAMBI
IKHALENDA
WOSHI
MHLA
I-DESHUMI
EKUQALENI
IKAMVA
YURE
MZUZU

INYANGA
NTSENI
BUSUKU
EMINI
NGOKU
KUNGEKUDALA
NAMHLANJE
IVEKI
NYAKA
IZOLO

45 - Buildings

```
I H O T E L E A I U G A A A
I S I K O L O L S M J T M P
Y G X Z Z H E A T B I X U A
H A F H H N L H A U R U E R
H O S T E L E B D T T I S T
V E F O T F L I I H A C U M
X Z E L R S D K U O R A M E
I N Q A B A E H M Y O S I N
J W V L Z M H A I E H T N T
A S N D H E B B A F B L T I
R S I M I N I I C C A E E Z
A V B U M I S N P Q L M N P
G J T M E C I I Q D I R T V
I C L K C I R T K E F I E R
```

APARTMENT
IBHALA
IKHABINI
I-CASTLE
ICINEMA
IFEKTRI
IFAM
IGARAJI
ISIBHEDLELE
HOSTELE

IHOTELE
ILABHORATRI
IMUSEUM
UMBUTHO
ISIKOLO
ISTADIUM
INTENTE
UMDLALO
INQABA

46 - Philanthropy

```
O E I F B L A M S I G E A U
A C I L A M I R H T C A W M
K B L V R Z Y U T N U L O T
E X A S I S I B F K K E B H
S X M N R I N U J Q N Q U E
I N I I T G W N L Z T A Q T
N Y I X I W H T A N G M K H
A W R L I N A U B A W A N O
Y C H I Y A J N P B T H I D
N A B A N T U O A O U S I N
U U L U N T U G N K H T X A
K H M K N B Z L Q G M U N H
U B Z F R P Y U G T O L Z T
I M B A L I K C H T D U C U
```

UTHANDO	IMBALI
ABANTWANA	UKUNYANISEKA
ULUNTU	UBUNTU
NABO	UMTHETHO
IIMALI	ABANTU
IMALI	IINKQUBO
ISISA	OLUNTU
IINJONGO	ULUTSHA
AMAQELA	

47 - Gardening

```
I  I  I  N  T  Y  A  N  T  Y  A  M  B  O
E  L  U  H  C  U  B  U  Y  Q  N  Z  V  E
E  I  A  M  U  F  U  K  U  O  A  W  J  D
D  M  I  C  N  J  I  C  O  M  P  O  S  T
I  B  I  S  I  X  E  S  H  A  C  A  E  N
B  E  F  H  I  N  M  I  K  H  A  Y  A  A
L  W  W  V  L  X  A  K  H  X  Y  M  C  T
E  U  W  M  L  A  H  T  N  V  X  T  A  A
A  M  A  N  Z  I  B  O  A  V  I  R  H  L
F  G  W  V  I  I  Y  A  B  H  P  R  Q  G
I  B  O  U  Q  U  E  T  X  O  B  B  I  P
N  G  A  P  H  A  M  B  I  L  I  I  A  U
I  M  E  K  O  Y  E  Z  U  L  U  U  P  W
A  M  A  Y  E  Z  A  A  Y  V  P  R  N  S
```

NATAL	IINTYANTYAMBO
IBHATANICALI	IHLABA
I-BOUQUET	IKHAYA
IMEKO YEZULU	IQHACA
I-COMPOST	UKUFUMA
ISIXHOBO	AMAYEZA
UBUCHULE	IXESHA
EDIBLE	IMBEWU
NGAPHAMBILI	AMANZI

48 - Herbalism

```
I  X  I  X  E  A  N  O  G  I  L  A  I  I
Z  G  J  N  P  T  R  O  L  F  U  M  Z  G
J  G  A  M  T  B  Z  C  R  E  H  A  I  A
T  O  J  D  N  Y  C  U  M  N  L  R  T  L
I  F  J  L  I  S  A  B  I  N  A  O  Y  I
B  S  D  O  M  O  X  M  B  E  Z  M  A  K
E  D  A  L  I  G  Y  Z  B  L  A  A  L  H
Q  V  P  F  Y  N  W  Y  I  O  O  T  O  I
C  A  H  N  R  P  D  C  N  Z  R  I  G  V
O  Q  B  X  Q  O  T  A  C  U  E  K  Y  S
W  M  R  A  E  P  N  A  A  Z  G  I  R  B
L  A  V  E  D  E  R  X  P  N  A  Y  N  H
I  P  A  R  S  L  E  Y  H  I  N  Z  B  K
I  S  I  T  H  A  K  O  O  R  O  E  A  C
```

AMAROMATIKI	LUHLAZA
I-BASIL	ISITHAKO
INZUZO	LAVEDER
I-FENNEL	I-MINT
INCAPHO	OREGANO
INTYAMBO	IPARSLEY
IGADI	IZITYALO
IGALIKHI	ISAFRON

49 - Vehicles

```
M K H I H T E K O R I I I I
I G K S S I B H A S I K N H
S B W D W I I L O R I H Q E
I C H V H W Q H N P A A W L
K S Z A Q V L E H H N R E I
E G C R Y J T K P B A A L K
T O T O M I R H Q H L V O O
I C F H O C S W O K U A M P
I N A S H T S K I J K N O T
N N R E U G E W I R N K Y E
J W I Q K B T R X L I Y A R
I S Q E I R I A T K E R T I
N I L Q A M A T A Y A R A H
I D B U I P H E P H A M R X
```

INQWELOMOYA	I-RAFT
IBHAYISKILE	IROKETHI
ISIQEPHU	I-SCOOTER
IBHASI	INKULANA
IKHARAVAN	ITEKISI
INJINI	AMATAYARA
IPHEPHA	ITREKTA
IHELIKOPTER	UQEQESHO
IMOTO	ILORI

50 - Flowers

```
U I Q K U V C U W I L I P Q
A J H M K H Q J A D A P E M
I V A I E H Y O I A V E T H
L C S S B T J N A I E O A L
O J G N M I I G E S D N L I
N K U O U I S A T Y E I H L
G C R I U Y N C E H R S I Y
A A G L R K N E U N Q T O A
M L R E N C K G Q S P Y R C
U I U D Y S N G U D R O C X
G L P N E R E V O L C I H Y
K H O A E N W M B Z A T I F
H C P D Z W I Y I G V K D P
Q I Y I F Z X A T U L I P H
```

I-BOUQUET	LILY
I-CLOVER	MAGNOLIA
I-DAISY	I-ORCHID
IDANDELION	IPEONI
GARDENIA	PETAL
I-HIBISCUS	UPOPY
UJASMINE	UJONGA
LAVEDER	TULIP
LILAC	

51 - Health and Wellness #1

```
E U S U L U U T W C A U N W
C R K U M G B B T O U K O I
N E S W C K L M U L R U M Y
E F Y K E Y H R O D N P O A
P L J Z K N P W F B E H I S
U E V D I J Z U A N H U M E
N X A K U L H A W K U M I B
U B A Z E Y I I K W N U C E
L K L I K H E M I A N L I N
H J A H R I Q G U A L A M Z
I K L I N I K I Q Y L A B A
Z L D A M A T H A M B O I Y
I D N I B A C T E R I A M R
A G I N O M R O H I I G Z H
```

IYASEBENZA	INDLALA
I-BACTERIA	UKWENZAKALA
AMATHAMBO	IYEZA
IKLINIKI	IZIHLUNU
UGQIRHA	IMICIMBI
UKWAHLUKA	IKHEMI
UMKHWA	REFLEX
UBUDE	UKUPHUMULA
IIHORMONI	ULUSU

52 - Town

```
I  B  H  A  K  A  B  H  A  K  A  Z  M  N
U  M  D  L  A  L  O  I  E  I  J  F  U  G
O  B  M  A  Y  T  N  A  Y  T  N  I  I  E
Q  I  M  U  E  S  U  M  I  M  O  G  D  Z
I  S  I  G  A  L  A  R  I  K  O  C  A  I
C  I  M  Y  R  U  E  E  W  Y  B  O  T  F
I  K  E  Q  E  O  T  T  C  R  V  K  S  U
N  O  H  H  T  P  F  D  O  O  E  A  I  N
E  L  K  I  G  X  X  Q  X  H  E  M  K  D
M  O  I  T  S  E  T  J  I  L  I  A  N  O
A  T  K  I  B  A  I  M  A  K  E  T  H  I
F  I  K  I  N  I  L  K  I  U  J  T  B  O
Y  Q  J  W  D  I  T  O  E  Z  O  O  I  B
I  A  I  R  P  O  R  T  N  J  E  F  Y  C
```

I-AIRPORT	IMUSEUM
IBHAKABHAKA	IKHEMI
IBHNKI	ISALON
ICINEMA	ISIKOLO
IKLINIKI	ISTADIUM
IINTYANTYAMBO	IGCOKAMA
IGALARI	UMDLALO
IHOTELE	NGEZIFUNDO
IMAKETHI	EZOO

53 - Antarctica

```
S L A R E N I M I I V N P I
A M A N Z I T I Z W B D E P
Y S D C A Q O Y I A U A R E
O K E M I S P O Q F K T Y N
Z A M A F U O K I U U N K I
O U I D D K G U T M F Z C N
L H C N M B R B H A U W O S
O A O V Y U A H I N D I R U
D M V T X M F A P A U I I L
N B E L C Z I L T F K N W A
O O G N I C U W F R A T J Y
L H D S R E C A L G I A I D
U M K H E N K C E R R K P B
G S E Z W E Z W E G Q A D Z
```

I-BAY   UMKHENKCE
IINTAKA   IZIQITHI
AMAFU   UKUFUDUKA
ULONDOLOZO   IIMINERALS
EZWEZWE   IPENINSULA
I-COVE   WAFUMANA
IMEKO   I-ROCKY
UHAMBO   YOKUBHALWA
UCINGO   ITOPOGRAFI
I-GLACERS   AMANZI

54 - Human Body

```
I  I  M  P  U  M  L  O  Y  E  I  I  Z  A
H  N  B  Z  U  E  E  S  Y  W  N  N  R  M
T  R  G  P  J  K  B  H  U  N  T  T  B  A
A  H  B  Q  W  T  X  F  B  M  L  L  L  T
L  U  L  U  O  M  O  L  M  U  O  I  Z  H
H  R  B  E  Z  N  E  L  M  U  K  Z  I  A
M  O  M  K  C  H  D  U  R  U  O  I  Q  M
U  I  N  T  A  M  O  O  B  L  H  Y  I  B
E  B  E  L  D  N  I  P  S  U  K  O  N  O
I  S  I  L  E  V  U  G  W  E  S  W  I  U
I  S  A  N  D  L  A  Z  X  G  L  O  L  L
U  T  Q  J  I  G  U  Q  E  A  K  M  E  U
I  G  A  Z  I  T  Z  M  P  S  X  J  M  S
R  U  K  H  C  U  T  E  L  K  N  A  I  U
```

I-ANKLE
IGAZI
AMATHAMBO
INGQONDO
ISILEVU
INDLEBE
IQINILE
UBUSO
UMNWE
ISANDLA

INTLOKO
INTLIZIYO
UMHLATHI
IGUQE
UMLENZE
UMLOMO
INTAMO
IMPUMLO
IGXAXA
ULUSU

55 - Musical Instruments

```
B D B T I A Q A Z I I M P U
A I A D A P P I Z I H V W C
N D S S O M I Z D S U A R R
J R O M J U B A T I G I R Y
O U O L L E C O N Z Q H I P
F M N F A X V I U O J M M O
I G O N G O T A Y I U R A B
M A R I M B A M M Q N W N O
U E H A R M O N I C A E D E
U I X I L O N G O C H M O J
I S A X O P H O N E T U L F
I T R O M B O N E O A R I W
I V I O L I N I K A X G N I
I C L A R I N E T B H M L Y
```

BANJO
BASOON
CELLO
I-CLARINET
IDRUM
FLUTE
IGONGO
IGITA
EHARMONICA
IHARP

I-MANDOLIN
MARIMBA
OBOE
INGXAKI
IPIANO
I-SAXOPHONE
TAMBOUINE
ITROMBONE
IXILONGO
IVIOLIN

56 - Fruit

```
I I M E L O N U I O W I X O
J P D A P G L M L Z E K X I
I L E Z Q N X D A J Y H L G
H P A R V A B I M R I O R K
S C A P E M V L U F A K X C
T B V N I I H I N I P H I E
I X A X A L M Y I S R O P I
H P U I N P E A V A I N A B
P S G Y A Y U Z G Z K A P E
I V I R N V K L C O O T A R
W A T N A Q C L A B T H Y R
I I R E H S T I D E H I A Y
K S S N B Z P J M H I Q Y B
I S E N I R A T C E N I T W
```

APILE	IKIWI
I-APRIKOTHI	ILAMUNI
IBHANANA	IMANGO
IBERRY	IMELON
ITSHERI	I-NECTARINE
IKHOKHONATHI	IPAPAYA
ISAZOBE	IPHITSHI
UMDILIYA	IPERE
I-GUAVA	IPANAPULA

57 - Engineering

```
U W O B U Q K N I C O P S A
L Z G E E M A S E W F I M C
U R I L K L T V K Y K L N U
Z N M G L E L S I X A B U I
N U E N G O L E H T A H T U
U K W A S A S A D I I Y U I
B F L I X R P K W B N R K D
V F U F D A H I N C U I W I
U B U M E I J D Z Y K W A A
I N J I N I Z N I Z U A K G
A M A N D L A I U B B V H R
Y Q E O F R A B L Y A C I A
M J F C R R T U K I L T W M
H W I M O T O F H G A R A E
```

I-ANGLE
AXIS
UKUBALA
UKWAKHIWA
BUNZULU
IDIAGRAM
IDIZILI
UKWASASA
AMANDLA

INJINI
ULWEMI
UMTSHINI
UTHATHELO
IMOTO
INKQUBO
UZINZI
UBUME

58 - Kitchen

```
I N E V O I S I H K I S I U
E S A H V L E K I W L F C K
G I I P L H B E I K E B B U
N R L Q K I E T I B O F V T
O E I L I I C T O C T M E Y
P S G F T N N L F V B W B A
I I Q L O I I E R J H G K E
S P U W G N I S I B H U K U
I H M L B M T C E T T J V E
F I A Y V Q J Z W K K I Z J
O S I K E S I N I Q I Z I Q
W I Z I N O N G O Q U S C C
U Q D X F T I K H E F U O E
I A P R O N R Q I M H U P P
```

I-APRON	IKETTLE
IBHUKU	IINCEBE
IZIQINISEKISO	NAPKIN
IKOMBE	IOVENI
UKUTYA	IRESIPHI
IFOWU	ISIQINISEKISO
ISIKHISI	IZINONGO
IGQUMA	ISIPONGE
IJUG	IKHEFU

59 - Government

```
U I M O N U M E N T U U G U
U B N L C O O V L L X R E B
M T U K M A K L D O O H Z U
G Y I M U A O V R L L U O L
A A N L I L D K O J O L P U
Q X G I P A U I H P P U O N
O E X F I Y V L T G F M L G
S L O D K T X E E X S E I I
I E X U J A G K H K N N T S
S M O L Z M S O T U O T I A
E I S I Z W E K M C Z E K T
K Z S Z Q U B N U V S M O U
O U A N A G N I L U K U D N
I N T E T H O Z I B S K G H
```

UBUMI
UMGAQO-SISEKO
INGXOXO
UKULINGANA
UZIMELE
MATYALA
UBULUNGISA
UMTHETHO

INKOKELI
INKULULEKO
MONUMENT
ISIZWE
UXOLO
EZOPOLITIKO
INTETHO
URHULUMENTE

60 - Art Supplies

```
O J U H Z K N I L U C F Z A
J E C L A Y N L R W I M A M
M N Y E I Y J O X A I K K A
W Q Y S U Z O X T C S Y N N
J L H A D B I J R G N E M Z
C F U E T U U M F I E L R I
I S I T U L O D V R P I G V
L I B H A S H A A O I B I C
Y I K H A M E R A L I A Y O
R U Q I V I C I D M A T U L
C I P H E P H A M T B I U U
A O R A G O B W Y G X P G M
Q R B G E T I Z D R N Z G V
W A L I Y C G P H M Q V W M
```

ACRYLIC   IGCAWU
IBHASHA   IZIMVO
IKHAMERA   INK
ISITULO   OLI
ECLAY   IPHEPHA
UBUDALA   IIPENSI
EASEL   ITABILE
I-RASER   AMANZI

61 - Science Fiction

```
E I U N N L F R P O I L F A
Q F H D P C S U T O P I A Y
A U I T U Q Q Z R F I J Z I
B T W C O M E Z M A I O I M
I U N L I B B H V N L L H F
D R M T K N O O N T L O C I
Y I B A N M E R X A U N I H
S S M T P E M M I S S K M L
T T U O R S Y J A T I E I O
O I M M A K W R R I O T O A
P I L I X I D A W C N I I C
I Z I K I P L A N E T H I S
A Q L I K A K H U L U X T W
O L O U M H L A L A Z F X Y
```

ATOMIKI   IFUTURISTI
IINCWADI   UMHLALA
IMICHIZA   I-ILLUSION
ICINEMA   AYIMFIHLO
I-DYSTOPIA   IPLANETHI
UDUMBO   IROBOTHI
KAKHULU   ITEKNOLOJI
FANTASTIC   UTOPIA
UMLILO

62 - Geometry

```
U T R I A N G E T G O K G K
S U F O S I N A G N I L M U
U B U D E Y L B L T Z N B P
P M B C N G M I S X W Q S I
P L V H A U A M B I N H F C
I N A N I K O L E D N A C I
I B I T D U O E P T Y V I K
T A J Y I B I G X A R Y S A
Z B N E M A U T V S C Y A X
I A W G I L J H J M Y Q N N
A L V T L A J V L U N W G E
K H S Q V E L R O E U B Q L
Z M I L O G I C B D L G A F
N U I N G C A C I S O O O X
```

I-ANGLE	UMSA
UKUBALA	IMIDIAN
ISANGQA	INANI
IGXA	UHLELO
UMLINGANISO	ICANDELO
LENXAKI	UMHLABA
UBUDE	SYMMETRY
TYE	INGCACISO
I-LOGIC	UTRIANGE

63 - Airplanes

```
I P V U U K W A K H I W A H
W M L V P A D I I N J I N I
X X B U U H A R Z C H Z D T
M P K A X Q A U Z I I G Y B
Z M F G L X S N L Z B E I T
U B U D E I Y F D X I U O O
A L A L H U K U T O C T S L
N A Z Z D D E M A N A N X I
S R E L L E P O R P L E W P
I N G X A K I Y W N A C S P
A K A H B A K A H B I S I G
I B H A L O N I W P D D X F
P K V S X U Y I L O F A B U
A B A S E B E N Z I X C I R
```

UPHANDO	IZIBUSI
UMOYA	UBUDE
IBHALONI	IMBALI
UKWAKHIWA	NAME
ABASEBENZI	UKUHLALA
DSCENT	PILOT
UYILO	PROPELLERS
ICALA	ISIBHAKABHAKA
INJINI	INGXAKI

64 - Ocean

```
I  R  G  W  Y  J  N  I  H  P  L  O  D  I
I  A  G  N  I  W  Q  I  S  I  I  W  A  B
E  E  L  A  H  W  I  H  B  H  N  E  E  E
E  Q  A  G  K  I  Y  A  F  D  R  Y  M  G
L  E  R  H  A  U  K  R  E  B  E  I  Y  N
J  X  O  Q  P  E  Z  Z  R  G  I  F  M  O
G  Y  C  K  U  X  W  M  I  Y  T  D  K  P
H  S  I  F  Y  L  L  E  J  I  I  Q  V  I
U  N  O  N  K  A  L  A  T  S  D  X  H  S
U  F  U  D  O  Q  O  F  J  S  E  A  H  I
B  P  D  M  U  V  U  L  W  A  N  D  L  E
I  O  K  T  H  O  P  H  A  S  I  Y  Q  V
T  U  N  A  Q  J  O  Y  S  T  E  R  A  K
I  I  Z  N  A  L  T  N  I  T  Y  U  W  A
```

I-ALGAE
I-CORAL
UNONKALA
IDOLPHIN
I-EEL
INTLANZI
IJELLYFISH
I-OKTHOPHASI
OYSTER
IREF

ITYUWA
ULWANDLE
UKREBE
I-SHRIMP
ISIPONGE
ISIQWINGA
I-TIDE
TUNA
UFUDOQO
I-WHALE

65 - Force and Gravity

```
A U K W A N D I S A T U I I
W X U B U N Z I M A Q X X M
C W I F K A Z W C O L I E I
B P O S E K Z M S W N S Z
I C U M Q U L U N K O Z H E
U I H T I S I Z I F I E A K
W M S I T E N A M I I L M E
A A G Q Q A E Y C Q Z E D L
P N H A C P H G L T I L L O
M Y L B M R H D S Q K O K O
I D F N D A T V L U O L P Q
I I O O M A T S H I N I Q Q
Z J P U K U F U M A N E K A
R Q W Y V H I S P E E D I T
```

AXIS	UMQULUNKO
IZIKO	IFIZISITHI
UKUFUMANEKA	UXINZELELO
UMGAMA	IIMPAWU
I-DYNAMIC	I-SPEED
UKWANDISA	IXESHA
I-MANETISM	IMIZEKELO
OOMATSHINI	UBUNZIMA

66 - Birds

```
C D F P X Z C B P X K H R O
U W I P E N G U I N M O V H
C B Z J N X N G L L R C N I
K W O Q Z K G G E B O H I P
O O H T E K N I I H O D N I
O R K I I F L A M I N G O K
B R U N R S M Q B T A T I O
O A H C A T U G L R C O H K
L P K I N O I G N W I U E O
H S U N A R C D I V L C R O
M I K I H K H K A U E A O O
U N N B K G S T Y D P N N Q
Y V I A I Q R I V Q A L H Z
I P A R R O T A A F G U H P
```

IKHANARI	I-HERON
INKUKHU	INCINIBA
UMHLOBO	IPARROT
CUCKOO	IPIKOKO
IHOBE	PELICAN
IDADA	IPENGUIN
UKHOZI	I-SPARROW
EGG	STORK
FLAMINGO	IINKETHO
IGUSI	TOUCAN

67 - Nutrition

```
Y W Y N I M A T I V I C I Y
Y N L E L B I D E P D W I I
U K U T Y A A O U F O P K T
U Q F K T W B L F F H Q A Y
M I M E W L U I A D P T L H
G T I D U E H P Z N A C O E
A S S T K L K M P O C W R F
N O O D U I I I L G N E I U
G O U S S B M S K I I D D S
A I C Z I U I D Z F X S L U
T I E W Y K X U K U D L A O
H Q H I A U U B U N Z I M A
O G N O N I Z I Z M B U Y I
U B U K R A K R A L J N J S
```

UKUDLA
I-BALANCED
UBUKRAKRA
IIKALORI
UKUTYA
UKUSIYA
EDIBLE
UKUBILELWA
INCAPHO
IMIKHUBA

IMPILO
ULWEMI
IZONDLO
UMGANGATHO
I-SOUCE
IZINONGO
ITYHEFU
I-VITAMIN
UBUNZIMA

68 - Hiking

```
I U A O T F U H T U H B I I
N N T H B T Q A O A J I S M
D A N A Y N A W L I Z I U E
A M N I F J Z Z E Z X N M K
L A K T M C R B K N P U M O
O T I Q A A M T O A I P I Y
I Y U L D B P X H M M M T E
I A L V A P A R K A I A I Z
P M W I F N F F I L C K J U
A I A A F M G I Z Y J I L L
R Z Z R Y T A A I C A U S U
A N I O W P K Q E N D L E B
K U S U J R B F U D I N W E
A K O A V M V O N K Y N P P
```

IZILWANYANA   INDALO
IBHUTHU   ULWAZISO
IKAMPUNI   IIPARAKA
CLIFF   AMATYA
IMEKO YEZULU   I-SUMMIT
IZIKHOKELO   ILANGA
KUNZIMA   UDINWE
IMAP   AMANZI
NTABA   ENDLE

69 - Professions #1

```
H O W I J O L O J I M Z U Z
U I L C V I G W E T H A J E
N K W I L A B M I G R C J Y
E N I U L U M H L E L I V L
S A N D A M I G Q W E T H A
I H P A R G O H T A H K I E
M B Q Z Q I S I Z A M O S U
U M D A N S I S M V X Z N M
V U U B U J Z L U I T H L A
M X R M Z S A N O H C K A T
I X A U U G Q I R H A M N I
J R E L E W J I Z N I Z U L
E P Q P I S A Y E N S I K O
Y I K I U N O Z W E L A U V
```

UNOZWELA	UZINZI
IMBALI	IJWELER
IGWETHA	IGQWETHA
UMBHANKI	IMVUMI
IKHATHOGRAPHI	UNESI
UMDANSI	USOMAZISI
UGQIRHA	IPLUMBA
UMHLELI	UMATILO
UMCIMI OMLILO	ISAYENSI
IJOLOJIWO	

70 - Barbecues

```
O K U S H I S A Y O V W U I
I C I S I Q H A M O R O M N
W F M C B T J T A Y Y P C K
I A O N U F I M I Y H I U U
O B V W A M U Q G I T P L K
L R A W U Y T I L D E U O H
A N A W T N A B A A T S K U
L B I M A T A T A L T A V U
D V A I N D L A L A I P I Y
I W S H K R W M R S H H S E
M D C E L E W S T I L O O Q
I X R T F O S H V Z O Q U X
V L B Q X A B H K W B B C S
I I N C E B E O R C O W E C
```

INKUKHU	INDLALA
ABANTWANA	IINCEBE
USAPHO	UMCULO
UKUTYA	ITSWELE
IFOWU	ISALADI
ABAHLOBO	ITYUWA
ISIQHAMO	I-SOUCE
IMIDLALO	IHLOBO
IGQUMA	IMATATA
OKUSHISAYO	IMIFUNO

71 - Chocolate

```
I  I  D  I  F  P  X  E  I  I  I  V  A  I
K  C  O  S  I  P  P  Q  L  R  N  C  M  C
H  A  Y  E  A  A  N  A  I  E  C  I  A  A
O  C  I  K  N  Z  O  R  B  S  A  R  D  R
K  A  T  E  T  M  H  K  M  I  P  O  O  A
H  O  H  L  I  N  T  A  A  P  H  L  N  M
O  W  A  A  O  O  A  R  H  H  O  A  G  E
N  E  N  S  X  O  G  K  P  I  T  K  O  L
A  F  D  A  I  E  N  U  A  Z  U  I  N  L
T  B  A  C  D  G  A  B  G  N  I  I  S  V
H  X  Y  N  A  M  G  U  N  A  L  C  D  I
I  E  O  I  N  M  M  W  M  M  V  L  E  O
V  T  U  T  T  K  U  H  U  A  G  D  Q  B
P  X  O  K  U  N  A  N  D  I  W  D  T  H
```

I-ANTIOXIDANT	INCAPHO
UBUKRAKRA	ISITHAKO
I-CACAO	AMADONGO
IIKALORI	UMGANGATHO
ICARAMEL	IRESIPHI
IKHOKHONATHI	ISEKELA
OKUNANDI	AMANZI
NGAPHAMBILI	INCASA
OYITHANDAYO	

72 - Vegetables

```
J Q I O E K X I R D Q L E G
I X L T R R F J I A N S L Q
A I O A H N H I H L D I E A
R E H M Y A C K T A A I W B
T A K U H E N I O S X G S I
I H O T V P Z G L I W F T H
C T R I Q I O A A F Q P I I
H A B M A H K U H Y T E N G
O Q I K I P A R S L E Y I A
K N Q E G H J H I O U E J L
E I M A S H U R U M I W I I
E M I S P I N A T S H I M K
W I R E L I S I J P V H B H
I C A U L I F L O W E R U I
```

I-ARTICHOKE	ITSWELE
IBROKHOLI	IPARSLEY
IMINQATHA	I-PEA
ICAULIFLOWER	ITHANGA
ISILERI	RADISH
NETYHUKHAMBA	ISALAD
IGALIKHI	ISHALOTHI
IJIKI	ISPINATSHI
IMASHURUMI	ITUMATO
GQABI	IJIMBU

73 - Boats

```
U I I U I B K R I I T I D E
M Z B D V Y I A K N R S M W
L R F U C H I Z Y E J N C Y
A T Y M O Y H A Z A U I S T
M I A J P Y J M S U K I N M
B Z C O Z T S A M I M N I I
O N H T P K W X A W N T P N
L E T B I B I H C I R A H V
I B T F A R I V M M O M E J
T E L D N A W L U C C B P R
A S L A C I T U A N I O H F
M A N A H B I H K I S I A Y
U B K C O D I K A N O E T N
L A Q T R X H C G W X Z C H
```

I-ANCHOR	I-NAUTICAL
IBUOY	I-RAFT
IKANOE	UMLAMBO
ABASEBENZI	INTAMBO
IDOCK	ISIKHIBHANA
INJINI	UMATILO
IPHEPHA	ULWANDLE
KAYAK	I-TIDE
ICHIBI	AMAZA
IMAST	YACHT

74 - Driving

```
P I H T U H T I Z I U I I I
F E P X H K F B Y S M N I T
E Q Q S L G G H R A Q D B U
I S P E E D C A F B H L R N
I N G O Z I G S Z C U E E N
B I J A R A G I F A B L K E
U K H U S E L E K O I A I L
I S I T A L A T O I T J J J
R Y J F Y W P Y C D G O M H
O H T U H T O Z E J I A M L
L Z C M A S I L O P A M S I
I P H E P H A M V U M E A I
I S I T H U T H U T H U X P
W O A T Z U I Z I B U S I G
```

INGOZI	ISITHUTHUTHU
IIBREKI	MAPOLISA
IBHASI	INDLELA
UMQHUBI	UKHUSELEKO
IZIBUSI	I-SPEED
IGARAJI	ISITALATO
IGASI	IZITHUTHI
IPHEPHA-MVUME	EZOTHUTHO
I-MAP	ILORI
IMOTO	ITUNNEL

75 - Professions #2

```
U M Z E K E L I S O H T I O
U I N J I N I I I B A F A Q
U M P L F J O E L D N S S I
U M C P Z O X N E P A H T K
N U H U I D N E H P M U R H
J M U L P L R F T W U L O E
I F M U A H O M A U F W N M
N O F C H Z I T T U A I A I
G T U K R U I R N M W M U S
A O N P I S M Y I P B I T T
F G D D Q G I H I E H K X B
I H I H G N L U J N X S I K
T J S K U H M Y I D E F R S
O P I E O Y N I V I V I S I
```

I-ASTRONAUT	ULWIMI
IKHEMIST	UMPENDI
UMCUPHI	ISIVIVINYO
INJINI	UMFOTO
MLIMI	UGQIRHA
UMZEKELISO	PILOT
UMHLAZIYI	UNJINGA
UMPHENDI	WAFUMANA
INTATHELI	UMFUNDISI

76 - Mythology

```
H  I  I  N  T  S  O  M  I  U  I  A  O  I
E  H  I  U  M  B  A  N  E  K  A  U  K  M
E  S  A  N  O  M  U  J  W  U  R  A  V  B
U  A  F  U  K  O  Q  E  A  N  C  M  I  U
I  K  J  L  I  O  K  F  H  G  H  A  Z  Y
S  I  U  U  A  I  L  V  Q  A  E  N  I  E
I  N  Z  Z  B  O  N  E  I  F  T  D  T  L
D  K  K  I  I  I  I  D  L  I  Y  L  H  E
A  C  X  A  O  P  T  X  U  O  P  A  I  L
L  U  E  N  B  V  H  S  M  M  E  K  X  O
W  B  N  D  A  L  O  A  U  L  O  E  O  Y
A  E  E  L  E  K  E  L  T  N  I  E  I  N
L  K  I  A  W  C  N  M  A  H  R  M  U  Y
L  O  H  H  T  N  I  R  Y  B  A  L  I  Q
```

I-ARCHETYPE	UMONA
UKUZIPHATHA	I-LABYRINTH
IINKOLELO	INTSOMI
NDALO	UMBANE
ISIDALWA	RHAMNCWA
INKCUBEKO	OKUFA
IZITHIXO	IMBUYELELO
INTLEKELE	AMANDLA
IZULU	INDUMO
UKUNGAFI	IQHAWE

77 - Hair Types

```
M E L O H T I N G W E V U S
H N L L F N V P R Z T N W H
F I Y U W S Y A L A B I M I
I X W A K D I D N U H B I N
L R U H M W Z N B E T F T Y
N G M D E A E N A H S T U F
V T N B G V L Y H P F Z I P
U S S U X O A Y O O H G K H
K L L U T G K O L L E V H Q
I K R L N S N M I H V H E D
O J U W N D I I P M D T L R
W I C W U E U L M W X L I F
S D I A R B I E I C N I C N
P U I Q I N I S W E P P P Z
```

INKALEZI   NGWEVU
MNYAMA   IMPILO
IBHUNDI   MDE
ELUKWEYO   SHINY
I-BRAIDS   FUTSHANE
NTSUNDU   ITHOLE
IMIBALA   IQINISWE
I-CURLS   NCINCI
IKHELI   MHLOPHE
YOMILE

78 - Garden

```
X U I B A M A Y E Z A R I R
E A M I N T Y A M B O A C Q
N L X T X E D Z H F P K B M
I U E G H O C D W Z H E X S
L H V O R I J N G L B U N J
O K A Q F H R O K C J G H X
P U R M H H J P P N R T S U
M L T Q M C F I K H A Y A T
A Y E Y M O A T U F S S F H
R Q T D U I C Q J A X U R A
T B I Q M R G K Z H I S B N
I D A G I M N K A Q S P Z D
I B H N S H I S U E M C L O
I G A R A J I U M H L A V U
```

IBHNSHI	AMAYEZA
BUSH	I-POND
UTHANDO	RAKE
INTYAMBO	UMHLAVU
IGARAJI	I-TETRAVEX
IGADI	I-TRAMPOLINE
INGCA	UMTHI
IHAMMOCK	UKHULA
IKHAYA	

79 - Diplomacy

```
I  N  D  I  M  A  E  I  I  E  U  U  Z  I
C  I  V  I  C  C  L  C  S  Z  R  B  H  S
M  M  C  S  Z  V  D  E  I  O  H  U  H  I
T  I  F  M  I  J  N  B  G  P  U  L  P  S
G  W  G  F  O  Q  A  I  Q  O  L  U  K  O
U  L  U  N  T  U  H  S  I  L  U  N  J  M
T  E  T  J  O  E  P  O  B  I  M  G  A  B
N  I  M  T  B  E  A  C  O  T  E  I  B  U
M  F  N  B  K  V  G  R  X  I  N  S  E  L
U  T  N  U  B  O  N  D  E  K  T  A  M  U
U  N  I  N  G  X  A  K  I  O  E  W  I  L
K  G  A  J  N  A  L  E  W  Z  O  N  U  O
O  C  Q  I  N  G  X  O  X  O  C  Z  M  E
Y  Y  Z  R  U  K  H  U  S  E  L  E  K  O
```

ICEBISO	URHULUMENTE
UNOZWELA	UMNTU
ABEMI	INDIMA
CIVIC	UBULUNGISA
ULUNTU	IELWIMI
INGXAKI	EZOPOLITIKO
INGXOXO	ISIGQIBO
NOBUNTU	UKHUSELEKO
LANGAPHANDLE	ISISOMBULULO

80 - Beach

```
C H K C O D I V A T L U Q U
Q A N A H B I H K I S I A L
X Y O U P E M E W X N U I W
A G O M U H P E Q I S I R A
K O G B F M A B E T X U E N
W Q A R E C T Z H T W Y F D
Z E L E H I H I A A X Y Q L
I W I L K L U H T L G S W E
X S C L I A Q T Y A H S J X
Q A A A O N L I H K W U J Y
H E F N Y G S Q P N I U L G
K S B E D A C I N O D P L V
J J N O D L H S G N Q A P I
R C S N V T A I P U Y L M S
```

LUHLAZA   ISIKHIBHANA
ISIQEPHU   ISANDLA
UNXWEME   IIMPATHU
UNONKALA   ULWANDLE
IDOCK   ILANGA
ISIQITHI   ITAWULI
I-LAGOON   UMBRELLA
IREF   IKHEFU

81 - Countries #1

```
F A Y I V H T A L O D U B P
I T V I Y E T H N A M E R H
N U B C N O R O W E G L A A
L P D R P Q P J A S Z A Z N
E I R A K H I K W P V M I A
N Y L D U H V E U E E A L M
D E E U N S B M G Y N T O A
S I R A Y E L I A I E A V Y
E N D C L P L U R N Z L B I
K A A A A E X O A C U I U N
G M D M T T L K H W W Y D A
J E D L I C K G K P E A G M
C J S E N E G O I B L N E O
U M E X M M U Y N C A E D R
```

BRAZIL	MACAU
US	NIKHARAGUWA
EYIPUTA	NOROWE
FINLEND	PHANAMA
JEMANI	PHOLEND
IRAKH	ROMANIYA
SIRAYELI	SENEGO
ELAMATALIYANE	SPEYIN
LATHVIYA	VENEZUWELA
ITALY	VIYETHNAM

82 - Adjectives #1

```
N N E L I K E L U L A B U K
Y G O S I K E S I N I Q I I
K A A B M A H I N F C O N W
C O M P X T J R J P X E S P
M N I H H E L I L I L O D C
K W Z L L A O N Z U L U N O
H A N M F A M Q R N T J A K
U B U P D C N B A H I U B W
L I K V V B S J I E C N A T
U L I O Z G R T E L N E F S
O E G C X D J K K T I S A Q
E Z I N Z I M A I N C I N Z
U B U G C I S A H E N W A S
B S W C S U O I T I M E B A
```

ELILILO
ABEMITIOUS
UBUGCISA
NABAFANA
ENTLE
ONZULU
NGAPHAMBILI
UNESIWE
ONWABILE

KUNZIMA
UNCEDO
MKHULU
IQINISEKISO
KUBALULEKILE
YAMHLANJE
EZINZIMA
NIHAMBA
NCINCI

83 - Rainforest

```
T  W  U  A  D  N  I  S  U  K  U  P  I  I
D  P  B  F  B  C  I  O  O  A  E  C  T  Z
G  I  U  R  A  H  N  D  B  E  W  X  P  I
I  M  Y  B  K  M  T  G  O  I  D  V  I  G
N  E  I  D  E  G  A  U  L  U  N  T  U  A
H  K  S  T  J  S  K  O  A  Y  I  H  U  N
L  O  E  J  H  A  A  T  D  F  M  E  L  E
O  Y  L  W  R  N  U  Z  N  M  I  J  E  K
N  E  O  Z  A  C  K  N  I  D  U  H  X  O
I  Z  I  L  A  C  I  N  A  T  A  H  B  I
P  U  I  B  I  F  M  A  M  A  J  X  U  T
H  L  S  R  K  H  O  N  I  C  G  O  N  F
O  U  G  K  E  S  S  D  H  B  P  H  W  J
U  D  Q  H  Y  I  S  P  M  I  X  W  M  H
```

AMAMFIBI	I-MOSS
IINTAKA	INDALO
IBHATANICALI	NOGCINO
IMEKO YEZULU	INKCAZO
AMAFU	INHLONIPHO
ULUNTU	UBUYISELO
IMINDWE	UKUSINDA
IZIGANEKO	

84 - Landscapes

```
U O G N A L H N I H N I C Q
S L E G L U U O L O Q G M U
A G W P U A M A N Z I E L M
D V D A S N O J L T W Y V W
V I B O N A C L O V I S U A
I P O R I D N Y B U B E M M
W S P I N C L R L Y I R L B
A A I Q E P P E Z T H A A O
I K O Q P V A C I N C R M N
T Y M F I N C A L G I D B T
C L I F F T F L T Z Q N O A
E B H E K E H G X G L U L B
I O A S I S A I H I D T M A
I N T L A M B O N X W I E A
```

EBHEKE

UMGQOLO

CLIFF

INHLANGO

IGEYSER

I-GLACER

IGQUMA

ISIQITHI

ICHIBI

NTABA

I-OASIS

IPENINSULA

UMLAMBO

ULWANDLE

UMWAMBO

I-TUNDRA

INTLAMBO

IVOLCANO

AMANZI

85 - Visual Arts

```
A L A D U B U N T N P E F Q
L Y A Y M L I F I X B C O Q
D H U Y K Y A I P S U L T O
N I S C H K B W F C M A O A
A S Q N U Q M V Z F Z Y C S
M P E O L I Y U B U E H G N
A T U Y U L D V V A K S U A
N I M E O N O B M I E I P T
A Y C I A K Q E Z F L N Z S
B G U Q P S U P C N O R Y G
A V L H J E E Q I C H A L K
B R I G K T N L A H S V A G
U H L E L O L S B L W I X P
V I P E N H J R I N A S G V
```

UBUYILO	IPEN
UMCULI	IPENSI
I-CHALK	IMBONO
ECLAY	FOTO
UHLELO	EYOKUQALA
UBUDALA	UMZEKELO
EASEL	IVARNISH
IFILM	BABA NAMANDLA
UMKHULU	

86 - Plants

```
K I H T M U I D A G I L W I
O X N I M I N A T O H B I S
T B G G B X G I Y T O B M I
E L I X C L C N V A X A J K
P E T A L A A T I B J B T H
I Q U N E Q M Y R R E B I O
M F Q X A T B A Z A L H U N
U F L O R A U M I M O S S D
H R A K B I K B E L W A H O
C V B G L F H O V S L R V R
I E S U D W O L I W X Z F Z
S U H Q S U T C A C I G N K
I H T A L H I B Z B Z F I B
A Y I B A M B O O E A A I E
```

I-BAMBOO   IHLATHI
IMBOTYI   IGADI
IBERRY   INGCA
IBHOTANI   IVY
BUSH   I-MOSS
I-CACTUS   PETAL
ISICHUMI   INGCAMBU
UFLORA   ISIKHONDO
INTYAMBO   UMTHI
IHLABA   UHLAZA

87 - Boxing

```
N O W Y K M Y L W N U F U K
K U G Q A L I S O D M K M H
I Q E L A W E E D I Z K C A
F I P L B M L P Y D I G H W
I D T E A H I M X I M Y A U
P I C B H I N E U L B U S L
P I G X K Y I P V E A B I E
S M M L P S Q M E Y N U B Z
T F F A O F I O L O O C W A
G C W E L V G S I N K H D G
N A E H I I E U S T I U R H
A M A N D L A S I I V L F O
R N I E Z I I N T O R E E G
V G Z Q C Q B H C N N L K Y
```

BELL
UMZIMBA
ISILEVU
IKONA
IQINILE
NDIDILEYO
UMLWA
IQELA
UGQALISO

IIGLOVES
KHABA
UMCHASI
KHAWULEZA
IMALI
USOMPEMPE
UBUCHULE
AMANDLA

88 - Countries #2

```
L A W O S B L F H G L I L E
I M E K H S I K H O F J I L
J H W Y U K R E Y I N I B I
I D U I Q L B A M M R J H B
F O N N A T S I K A H P A E
J M M A G P C N O V R T N R
A I U D L A H P E N A A O I
P N R U E I R Y L Z Y K N A
H I M S E R I Y G R I S I Y
A K A Y N E H K H E L P X I
N H J F H G S Y K C A K U P
Z A O C A I G A O V M U F O
S H B B B N G U A M O F U T
O O M M I E A S L X S R L E
```

IHUNGARY   ELIBERIA
DOMINIKHA   MEKHSIKHO
ETOPIYA   NEPHAL
GRISI   ENIGERIA
FIJI   PHAKISTAN
GUAM   SOMALIYA
JAPHAN   SUDAN
KHENYA   ARAM
LAWOS   WE -
LIBHANON   YUKREYINI

89 - Adjectives #2

```
O G N I Z I D N G I N T L E
O M I N G C A C I S O K F E
R K A I N E Z I P H O W F Z
R X U N O K U S H I S A Y O
V S F Y D U T Y I T Y W A U
U Q O S I L E V M E N E L E
F L O A B L A S E E I G D Y
Z D A I U P A S J N M K M E
E E U M H X C Y U T P Y U N
M N P X B G K F O S I J V E
V D V J B I Y F R H L J V N
E L Y H K H L T V A O L L E
L E S S Y A Q E L I M O Y N
O O D U M I L E Y O C Y P E
```

EYENENENE
OKUYILAYO
INGCACISO
YOMILE
INTLE
ODUMILEYO
INEZIPHO
IMPILO
OKUSHISAYO

ULAMBILE
UMDLA
ZEMVELO
ENTSHA
ENEMVELISO
NDIZINGO
UTYITYWA
OMANDLA
ENDLE

90 - Math

```
P E R I M E T E R J O J L F
S E Z I M E L E N E Y O E F
K T G B J D C B U I E U N K
S E N K S N U A X D Y M X V
Z Y Y G B A P T A Z X Q A S
I T M H F X L H R W L U K L
H S P M Y U O X P I U L I A
T P A L E L D N I I A U H M
A Z A K S T Z W B U G N B I
L S D X H W R D Y B N O G C
A F X K C I J Y P R C Q G E
S M N O N A W I Q H E L O D
I M F U I V N O G Y L O P I
T Q D Q T J I S Q U A R E E
```

IINDLELA   PERIMETER
ISAKHIWO   IPOLYGON
IDECIMAL   UXANDE
LENXAKI   I-SQUARE
ISALATHI   SYMMETRY
IQHELO   UTRIANGE
EZIMELENEYO   UMQULU

91 - Water

```
I E U I G E Y S E R Z B M A
L C S K J E J A E H F Z O A
Q K H A U I Q L L B L X N M
F N T I D F R U N X Q P S A
W E Z L B B U V N K N K O Z
A H U R I I D M A E T S O A
M K U C G K L I A F F V N I
U M J E L O H R Y N P P N S
F U G K N U X E J W E P X H
U M K H U M B O P X T K D A
K U M L A M B O W H E T A S
U U K U P H U P H A U U L H
I N G Q H A M Q W E E Q Q A
U L W A N D L E E J O S S M
```

UMJELO   MONSOON
UKUPHUPHA   ULWANDLE
UMKHUMBO   IMVULA
INGQHAMQWE   UMLAMBO
IGEYSER   ISHASHA
UKUFUMANEKA   IKHEPHU
UMKHENKCE   STEAM
ICHIBI   AMAZA
UKUFUMA

92 - Activities

```
F G I C B U U G M V U J O M
V C A W T F K K W R X O W U
H O G N I L M U U X K O B F
O Z U X U J M U Z H Z P X U
T I M I D L A L O I A X G N
O U K U T H U N G A N M O D
F U K U P H U M U L A G B O
I K A M P U N I D Z P Z A A
I M I S E B E N Z I W P W U
U K U L O B A A N M B Z N N
U B U C H U L E C O W E O G
U K U Z O N W A B I S A L U
H R G X I Z N E B E S M U Y
S S E K Q J F W N F Y O V E
```

UMSEBENZI	UKUZONWABISA
UNGUYE	UMLINGO
IKAMPUNI	IFOTO
IMISEBENZI	ULONWABO
UMJUXUZO	UFUNDO
UKULOBA	UKUPHUMULA
IMIDLALO	UKUTHUNGA
UKUHAMBA	UBUCHULE
UKUZINGA	

93 - Business

```
I U R H O H S O Q O Q U U U
I L U M S E B E N Z I K M M
N W I N T E N G I S O U Q Q
D A G N E H T U Q B H T E E
L B I N K A M P A N I H S S
E I L A M O L A Y T U E H H
K W L B D X Y U I N I N W I
O O B A O L Z M N U R G A D
Z M R G M X A P G O H I D T
U A Q J A I P H E C A S F B
Z L O Z P X I A N S F W H L
N I I M A L I T I I U A C E
I F E K T R I H S D S P R A
V I O F I S I I O I S B Z F
```

ULWABIWO-MALI
UMSEBENZI
INKAMPANI
IINDLEKO
I-DISCOUNT
UQOQOSHO
UMQESHWA
UMQESHI
IFEKTRI
IIMALI

INGENISO
UTYALO-MALI
UMPHATHI
INTENGISO
IMALI
IOFISI
INZUZO
UKUTHENGISWA
THENGA
IRHAFU

94 - The Company

```
I  I  I  O  B  O  H  X  I  Z  I  O  U  U
I  N  S  N  O  X  L  K  I  M  N  K  T  M
N  I  G  H  G  Q  Y  F  T  H  K  W  Y  G
N  H  U  E  I  Q  K  E  S  I  Q  E  A  A
O  T  E  X  N  S  E  Z  Y  F  U  N  L  N
S  I  A  N  G  I  H  S  I  T  B  Z  O  G
I  N  G  O  Z  I  S  I  H  E  E  E  M  A
L  U  P  Q  K  Y  X  O  N  O  L  K  A  T
E  I  S  I  G  Q  I  B  O  I  A  A  L  H
V  I  D  U  S  H  I  S  H  I  N  O  I  O
M  U  J  W  J  N  E  A  H  S  A  M  A  T
I  O  K  U  Y  I  L  A  Y  O  D  U  Z  Q
A  F  V  E  N  T  E  T  H  O  L  D  R  I
H  E  U  G  D  Z  S  C  Y  R  G  U  A  Q
```

USHISHINO	IMVELISO
OKUYILAYO	INKQUBELA
ISIGQIBO	UMGANGATHO
INGQESHO	UDUMO
ISHISHINI	IZIXHOBO
AMASHA	INGENISO
UTYALO-MALI	INGOZI
OKWENZEKA	IIUNITHI
NTETHO	

95 - Literature

```
I U M R K W I M O S T N I I
L N M C I U G N U L T N I D
A I K F Q X Z E O B M I S I
H A N C A U E R V V Q B N A
B N B D A N F U U T E O E L
M E C Q Z Z E D L R H L Q O
U C F I Q H O K U M Q O I G
S D G A H S E X I S I H I U
D O G N O B M U G S E X S E
P T I S I P H E L O O M I M
A E J O Y T U L A L H U H Y
U M B A L I S I X W E Z O H
U T H E L E K I S O N P B R
I B H Y O G R A F I R X E I
```

UHLALUTYO	UMBALISI
I-ANECDOTE	INOVELI
UMBHALI	ULUVO
IBHYOGRAFI	UMBONGO
UTHELEKISO	ISIHOBE
ISIPHELO	I-RHYME
INKCAZO	ISIXESHA
I-DIALOGUE	ISIMBO
INTSOMI	UMXHOLO
UMFANEKISO	INTLUNGU

96 - Geography

```
E  I  Y  I  M  A  Z  A  N  T  S  I  F  U
P  H  U  M  T  H  E  T  H  O  W  A  Y  P
I  E  L  D  N  A  W  L  U  C  D  K  O  E
I  M  A  C  Y  N  Q  X  M  P  X  A  V  T
S  I  J  Z  G  A  L  T  N  A  M  T  R  D
I  S  J  D  H  I  L  U  M  L  A  M  B  O
Q  P  N  R  P  D  Q  D  A  T  L  A  S  D
I  H  K  O  Q  I  Q  G  N  I  P  H  M  N
T  E  H  E  D  R  F  I  M  A  P  Q  O  A
H  R  E  W  Z  E  W  Z  E  B  M  M  I  H
I  E  L  Z  S  M  G  U  I  A  I  M  M  P
H  H  X  I  P  Y  X  T  H  T  Y  B  U  U
D  H  F  L  F  A  K  U  Y  N  U  K  U  M
H  L  B  I  I  S  I  X  E  K  O  I  A  H
```

UPHANDO	I-MAP
ATLAS	MERIDIAN
ISIXEKO	NTABA
EZWEZWE	MANTLA
ILIZWE	INGQIQO
UKUNYUKA	UMLAMBO
WAY	ULWANDLE
I-HEMISPHERE	MAZANTSI
ISIQITHI	UMTHETHO
UMMANDLA	

97 - Pets

```
I  I  N  T  L  A  N  Z  I  W  D  T  J  L
I  H  T  M  P  H  M  O  N  V  Q  M  O  T
P  A  A  A  M  A  N  Z  I  A  D  Y  O  X
A  T  U  M  K  V  S  L  U  Z  P  O  D  R
R  U  K  U  S  I  N  J  A  A  E  G  U  I
R  M  U  K  I  T  A  C  I  N  D  O  D  A
O  V  T  I  C  Y  E  U  F  U  D  O  Q  O
T  U  Y  T  I  E  W  R  F  N  K  V  W  I
S  N  A  E  L  N  H  U  M  S  I  L  A  K
Y  D  E  N  I  K  K  X  K  W  L  M  E  H
G  L  J  O  S  O  O  I  S  U  V  B  L  O
O  A  C  A  H  M  H  X  D  U  P  J  R  L
O  Q  Y  T  E  O  B  S  R  C  C  M  O  A
T  O  O  G  J  Y  I  P  B  Z  H  E  I  F
```

CAT	ICILISHE
IKHOLA	IMPUKU
YENKOMO	IPARROT
INJA	INDODA
INTLANZI	UMVUNDLA
UKUTYA	UMSILA
IBHOKHWE	UFUDOQO
IHAMSTER	AMANZI
UKITEN	

98 - Jazz

```
O C H E S T R A I K C W I K
I S I X E S H A N S E R L N
O B M I S I O E G T Z J P R
A D Q R G V X M O L E L H U
R M U F Z W O E M J Y K U O
S T A M M M U M A H B L A I
Q G Y G I I T H A L E N T I
E T O P U L W B I U X A Q B
J N D F E B E S H M P U A M
P M T Z J A U Y S C R M Z A
E E B S H K P V O U L C M Q
I V L O H T V K Z L B U V M
S C W A L A D U K O J L I U
O Z I T H A N D A Y O I K D
```

IALBHAMU

UMCULI

UMQAMBI

UHLELO

AMAGUBU

ODUMILEYO

OZITHANDAYO

UMCULO

ENTSHA

KUDALA

OCHESTRA

ISIXESHA

INGOMA

ISIMBO

ITHALENTI

99 - Nature

```
X Y E C I M A N Y D I P C I
U K H U S E L E K O C W P Z
S J R D O O I A R C T I C I
I E D D Y Y G L H L C G L
T U R J N A I N U V V O A W
R F X E I R E C A L G I B A
O A I O N U B U H L E N A N
P M H B L E L G M A H P L Y
I A L M X O C N K A X N H A
C Y A A I J A U C F Q J I N
A O T L U U J K K R J Q D A
L H H M B R E N P C G L H C
S Z I U E Z C I R M M K F R
I N G C W E L E L D N E M R
```

IZILWANYANA   IHLABA
I-ARCTIC   IHLATHI
UBUHLE   I-GLACER
INYOSI   UXOLO
AMAFU   UMLAMBO
INHLANGO   INGCWELE
I-DYNAMIC   SERENE
UKHUSELEKO   I-TROPICAL
INKUNGU   ENDLE

100 - Vacation #2

```
E E N G Q O N G I L E Y O G
I Z C J O I I H T I Q I S I
I P O K Z Y G J X M B X O A
E T A T H S F U H A M B O I
B J E S H P O C X R N I B R
H G L K P U Q I I F D V M P
E W D L I O T O Q Y I I A O
K Q N X X S R H U I K S P R
E R A V H V I T O N A A S T
C A W C I U T P W T M M P E
R K L R X O F U I E P A M I
F V U W K J X G U N U P E V
N A I H O T E L E T N G G G
U Q E Q E S H O Q E I C A M
```

I-AIRPORT   IPASPORT
EBHEKE   ULWANDLE
IKAMPUNI   ITEKISI
ENGQONGILEYO   INTENTE
IHOTELE   UQEQESHO
ISIQITHI   EZOTHUTHO
UHAMBO   I-VISA
I-MAP

1 - Antiques

2 - Food #1

3 - Measurements

4 - Farm #2

5 - Books

6 - Meditation

7 - Days and Months

8 - Energy

9 - Chess

10 - Archeology

11 - Food #2

12 - Chemistry

13 - Music

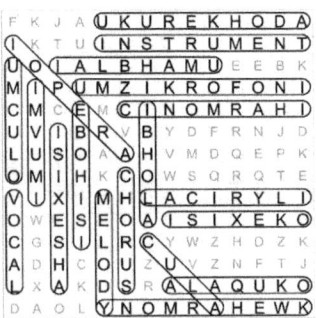

14 - Family

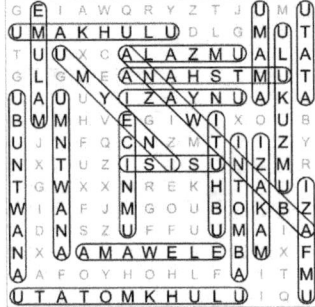

15 - Farm #1

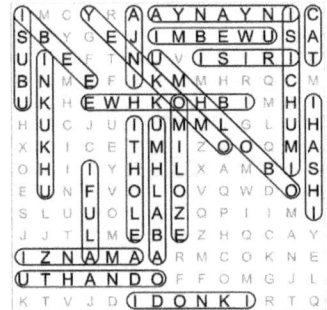

16 - Camping

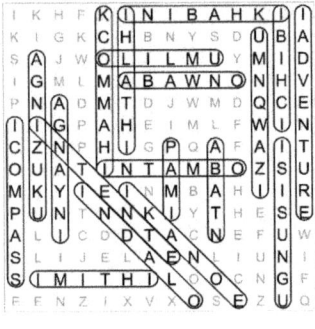

17 - Algebra

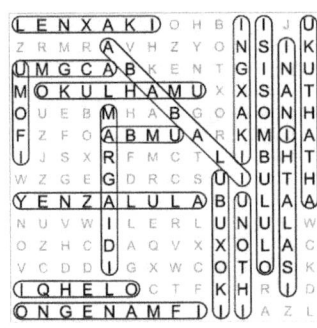

18 - Numbers

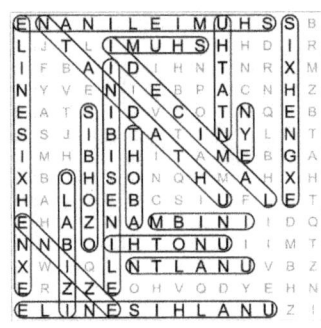

19 - Spices

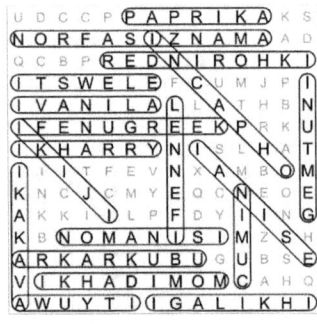

20 - Universe

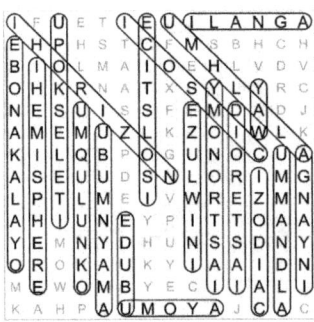

21 - Mammals

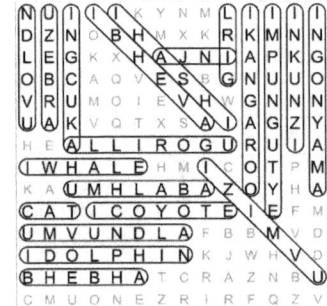

22 - Fishing

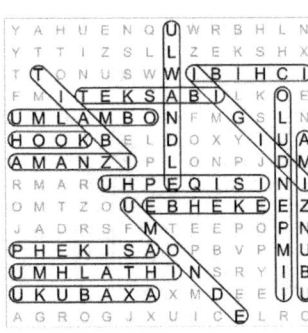

23 - Bees

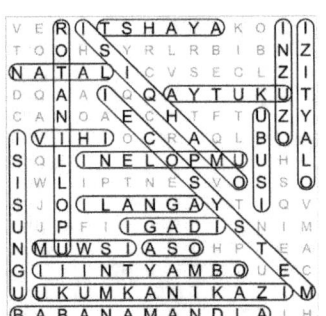

24 - Photography

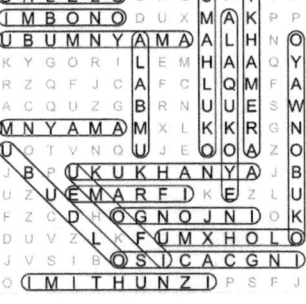

25 - Sports

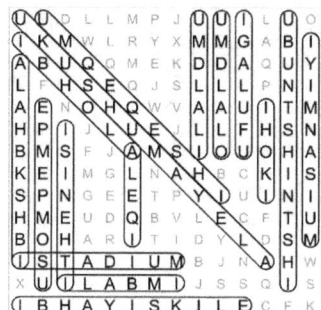

26 - Weather

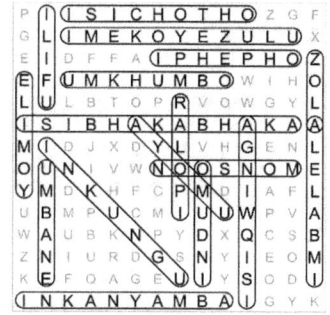

27 - Circus

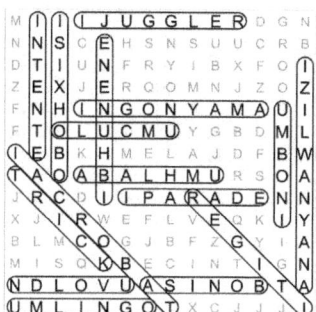

28 - Geology

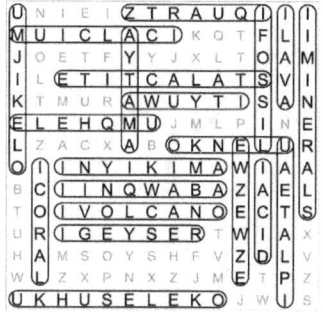

29 - House

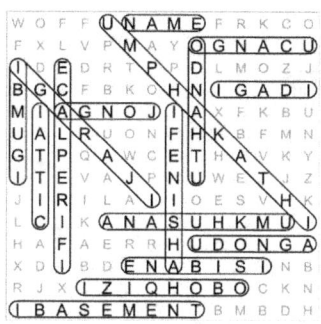

30 - Physics

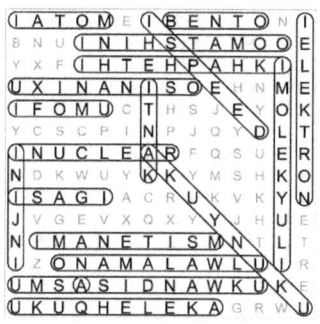

31 - Bathroom

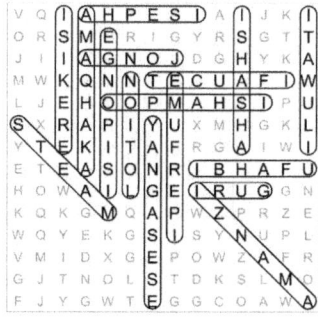

32 - Dance

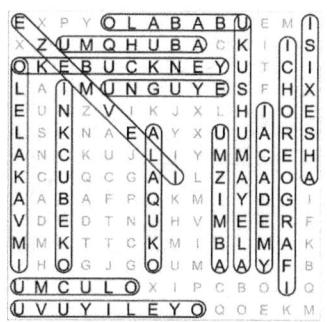

33 - Colors

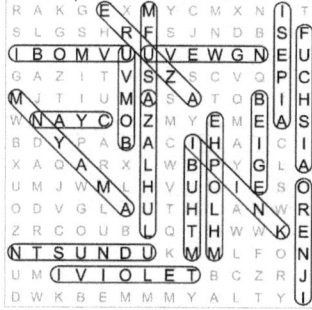

34 - Climbing

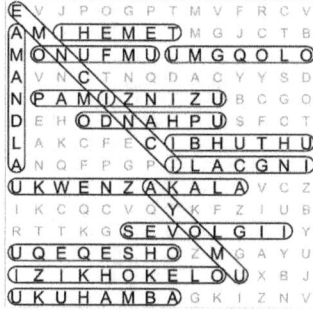

35 - Shapes

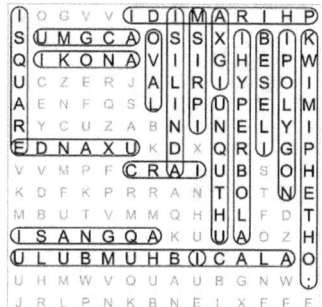

36 - Scientific Disciplines

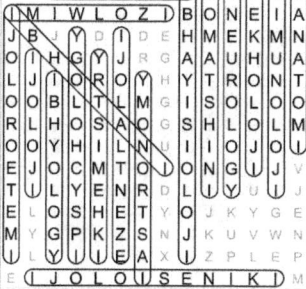

37 - Science

38 - Beauty

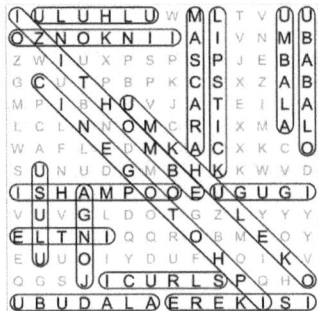

39 - Clothes

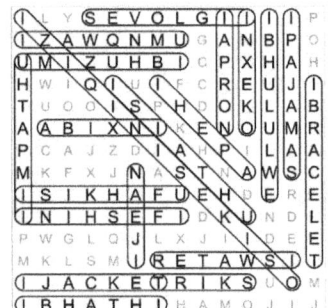

40 - Ethics

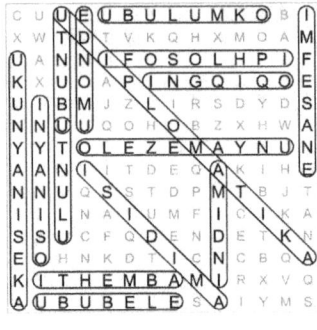

41 - Insects

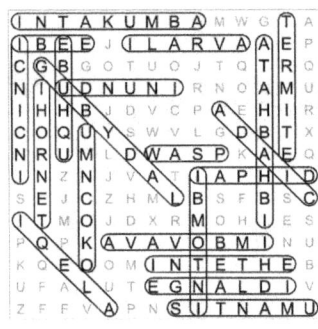

42 - Astronomy

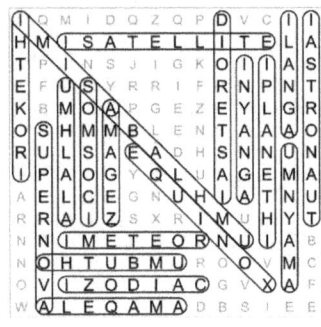

43 - Health and Wellness #2

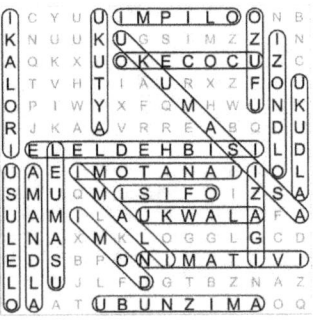

44 - Time

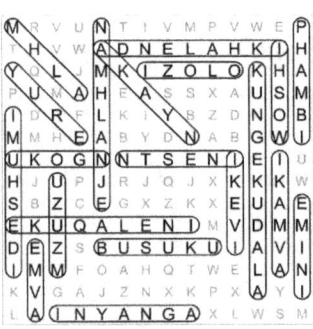

45 - Buildings

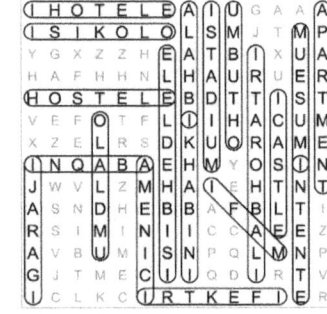

46 - Philanthropy

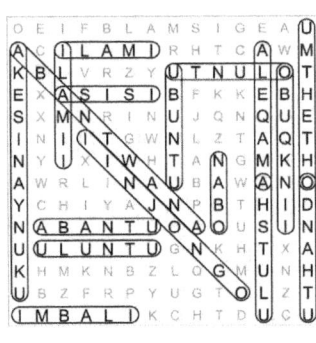

47 - Gardening

48 - Herbalism

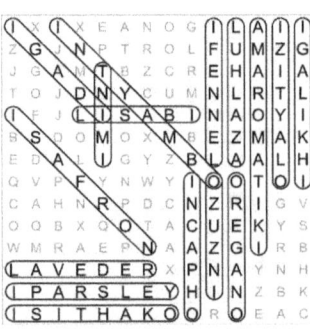

49 - Vehicles

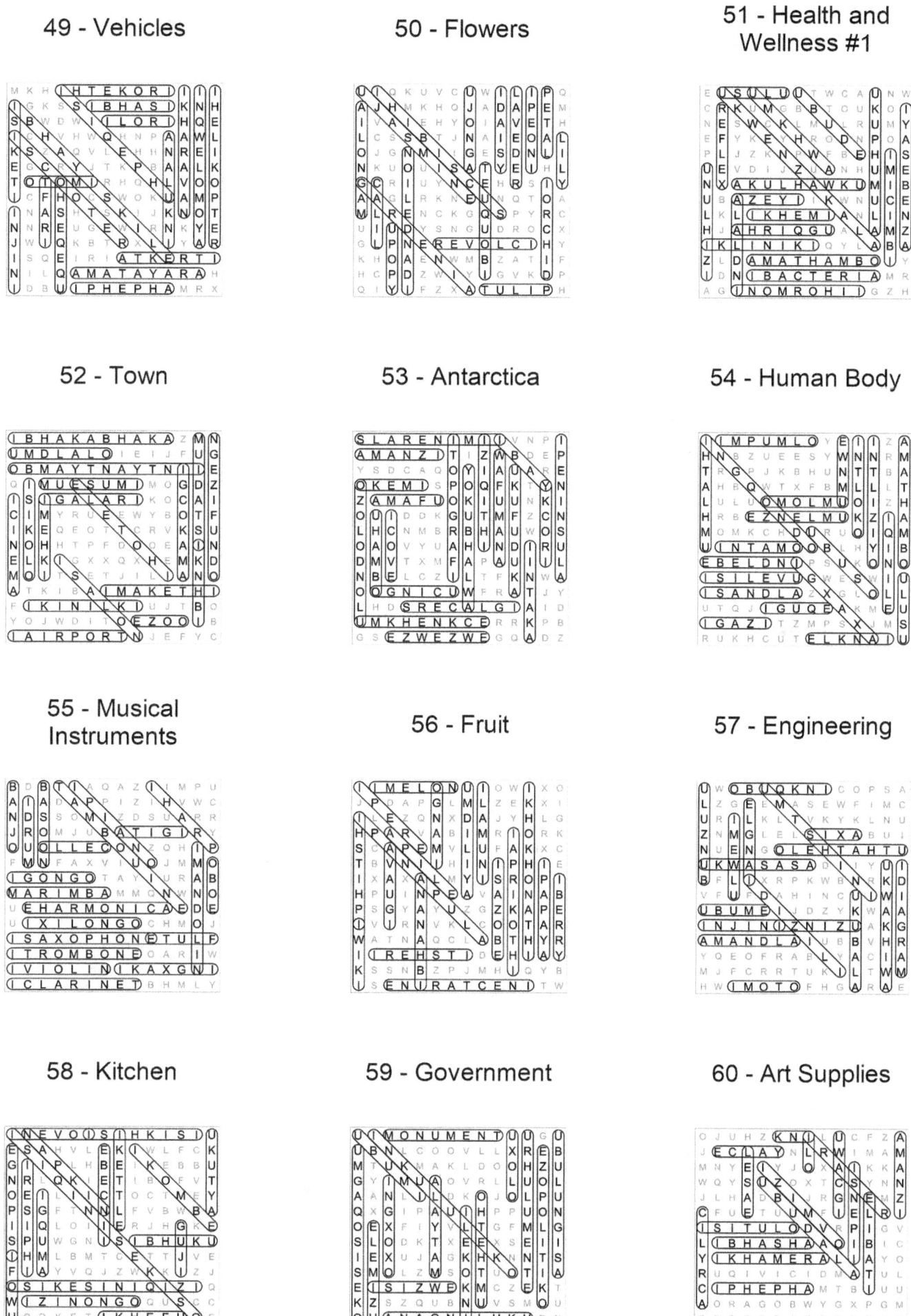

50 - Flowers

51 - Health and Wellness #1

52 - Town

53 - Antarctica

54 - Human Body

55 - Musical Instruments

56 - Fruit

57 - Engineering

58 - Kitchen

59 - Government

60 - Art Supplies

61 - Science Fiction

62 - Geometry

63 - Airplanes

64 - Ocean

65 - Force and Gravity

66 - Birds

67 - Nutrition

68 - Hiking

69 - Professions #1

70 - Barbecues

71 - Chocolate

72 - Vegetables

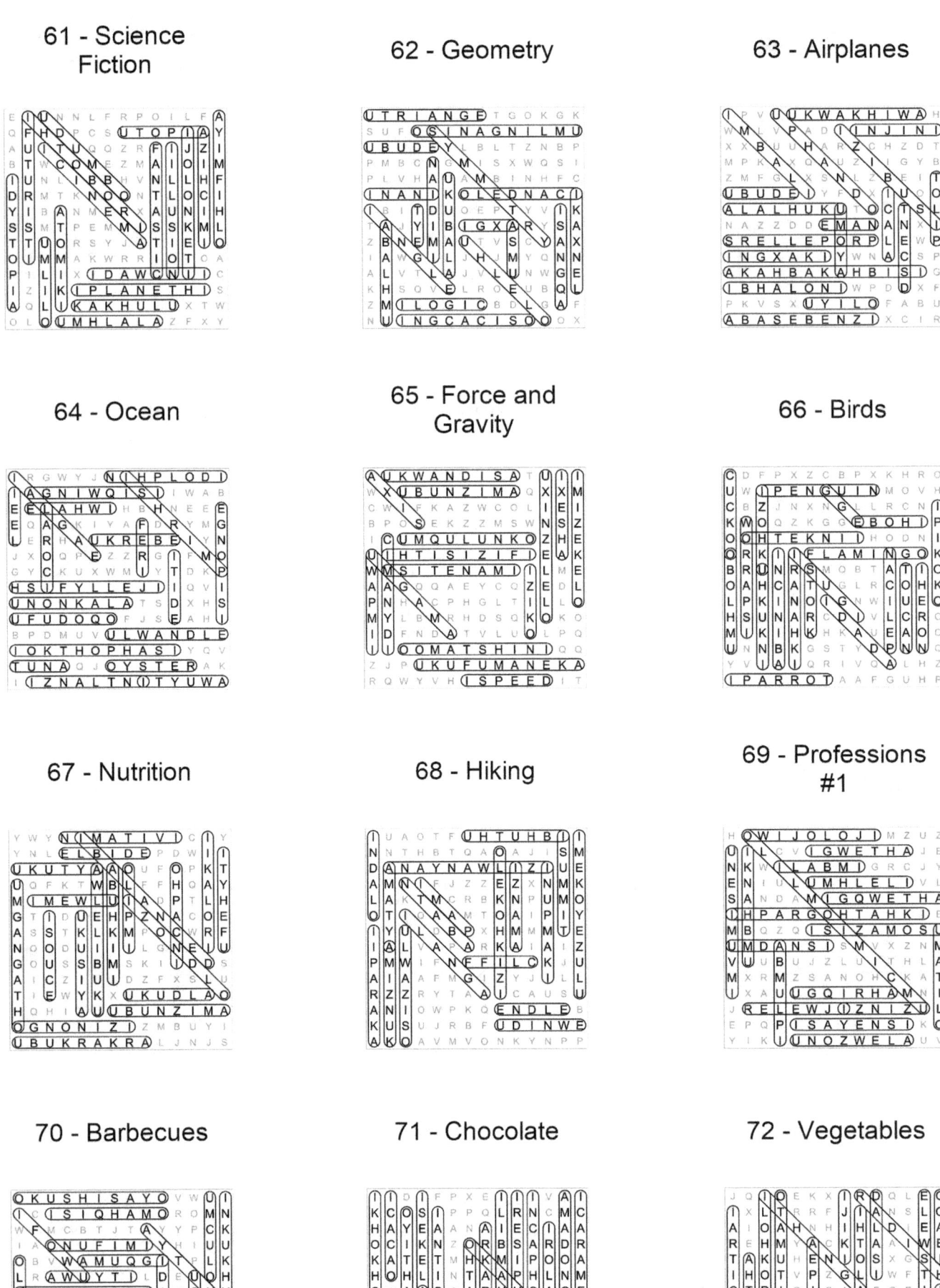

73 - Boats

74 - Driving

75 - Professions #2

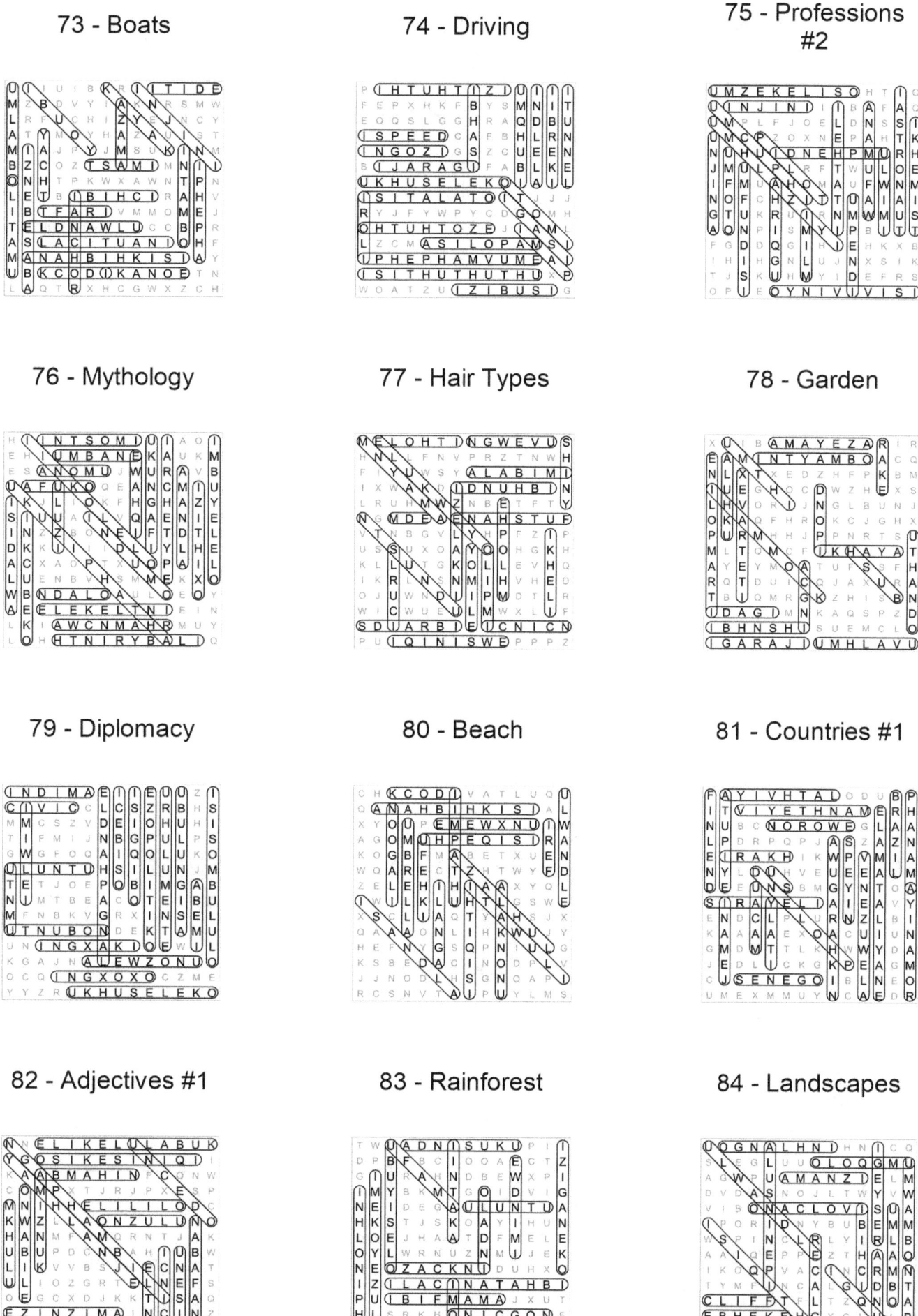

76 - Mythology

77 - Hair Types

78 - Garden

79 - Diplomacy

80 - Beach

81 - Countries #1

82 - Adjectives #1

83 - Rainforest

84 - Landscapes

85 - Visual Arts

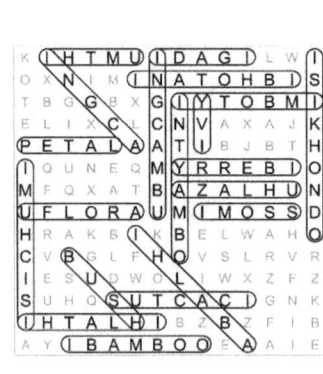

86 - Plants

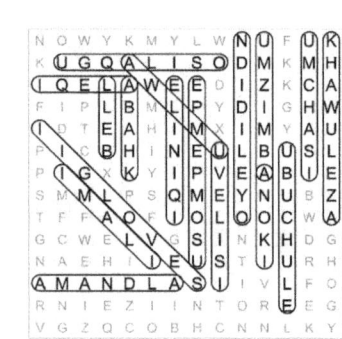

87 - Boxing

88 - Countries #2

89 - Adjectives #2

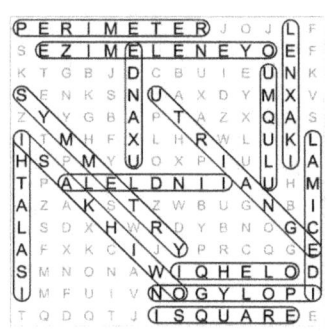

90 - Math

91 - Water

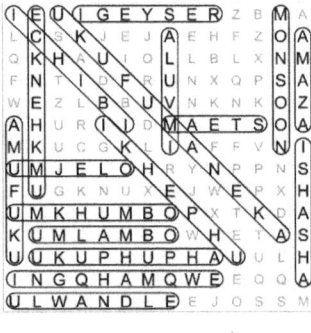

92 - Activities

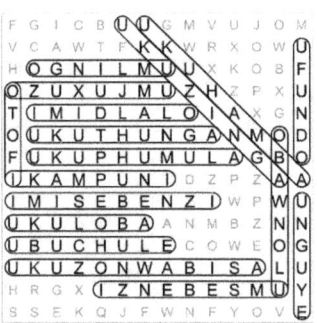

93 - Business

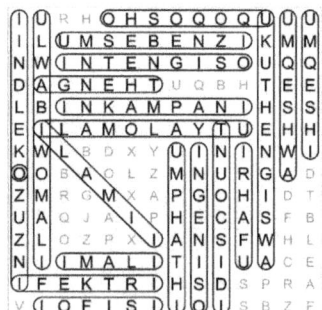

94 - The Company

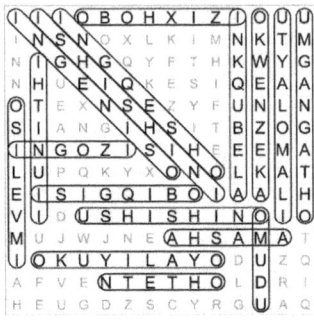

95 - Literature

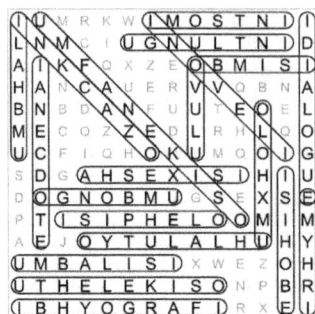

96 - Geography

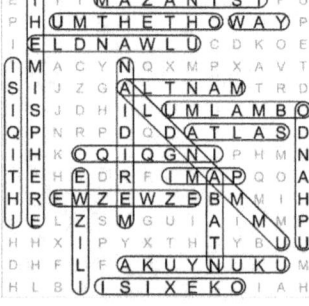

97 - Pets

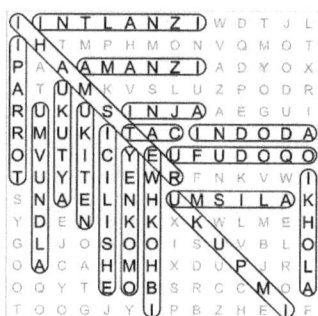

98 - Jazz

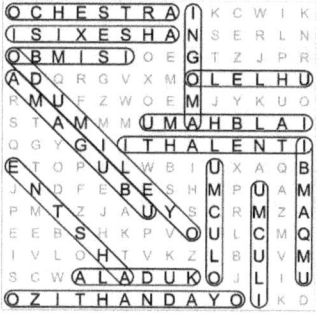

99 - Nature

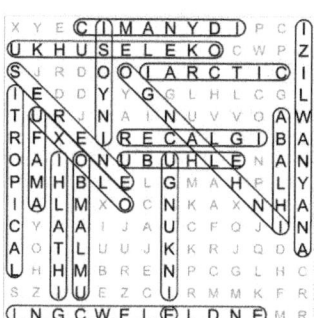

100 - Vacation #2

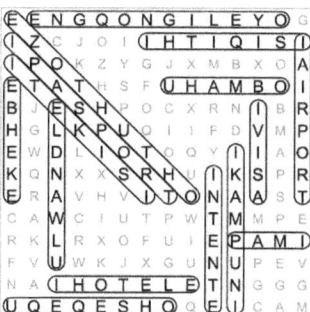

Dictionary

Activities
Imisebenzi

Activity	Umsebenzi
Art	Unguye
Camping	Ikampuni
Crafts	Imisebenzi
Dancing	Umjuxuzo
Fishing	Ukuloba
Games	Imidlalo
Hiking	Ukuhamba
Hunting	Ukuzinga
Leisure	Ukuzonwabisa
Magic	Umlingo
Photography	Ifoto
Pleasure	Ulonwabo
Reading	Ufundo
Relaxation	Ukuphumula
Sewing	Ukuthunga
Skill	Ubuchule

Adjectives #1
Izichazi #1

Absolute	Elililo
Ambitious	Abemitious
Aromatic	Amaromatiki
Artistic	Ubugcisa
Attractive	Nabafana
Beautiful	Entle
Dark	Onzulu
Exotic	Ngaphambili
Generous	Unesiwe
Happy	Onwabile
Heavy	Kunzima
Helpful	Uncedo
Huge	Mkhulu
Identical	Iqinisekiso
Important	Kubalulekile
Modern	Yamhlanje
Serious	Ezinzima
Slow	Nihamba
Thin	Ncinci
Valuable	Ixabisekileyo

Adjectives #2
Izichazi #2

Authentic	Eyenenene
Creative	Okuyilayo
Descriptive	Ingcaciso
Dry	Yomile
Elegant	Intle
Famous	Odumileyo
Gifted	Inezipho
Healthy	Impilo
Hot	Okushisayo
Hungry	Ulambile
Interesting	Umdla
Natural	Zemvelo
New	Entsha
Productive	Enemveliso
Proud	Ndizingo
Responsible	Uxanduva
Salty	Utyitywa
Sleepy	Ubuthongo
Strong	Omandla
Wild	Endle

Airplanes
Iinqwelomoya

Adventure	I-Adventure
Altitude	Uphando
Atmosphere	Umoya
Balloon	Ibhaloni
Construction	Ukwakhiwa
Crew	Abasebenzi
Descent	Dscent
Design	Uyilo
Direction	Icala
Engine	Injini
Fuel	Izibusi
Height	Ubude
History	Imbali
Hydrogen	Name
Landing	Ukuhlala
Passenger	Abakhweli
Pilot	Pilot
Propellers	Propellers
Sky	Isibhakabhaka
Turbulence	Ingxaki

Algebra
Ialgebra

Diagram	Idiagram
Equation	Lenxaki
Exponent	Isalathi
Factor	Umba
False	Ubuxoki
Formula	Ifomu
Fraction	Iqhelo
Infinite	Ongenamfi
Linear	Umgca
Matrix	Isibumbelo
Number	Inani
Parenthesis	Ababali
Problem	Ingxaki
Simplify	Yenza Lula
Solution	Isisombululo
Subtraction	Ukuthatha
Variable	Umahluko
Zero	Unothi

Antarctica
E-Antarctica

Bay	I-Bay
Birds	Iintaka
Clouds	Amafu
Conservation	Ulondolozo
Continent	Ezwezwe
Cove	I-Cove
Environment	Imeko
Expedition	Uhambo
Geography	Ucingo
Glaciers	I-Glacers
Ice	Umkhenkce
Islands	Iziqithi
Migration	Ukufuduka
Minerals	Iiminerals
Peninsula	Ipeninsula
Researcher	Wafumana
Rocky	I-Rocky
Scientific	Yokubhalwa
Topography	Itopografi
Water	Amanzi

Antiques
Izinto Zamandulo

Art	Unguye
Auction	Ifansi
Authentic	Eyenenene
Coins	Zemali
Decorative	Ukuhombisa
Elegant	Intle
Furniture	Ifenisha
Gallery	Igalari
Investment	Utyalo-Mali
Jewelry	Iziqinisekiso
Old	Kudala
Price	Ixabiso
Quality	Umgangatho
Restoration	Ubuyiselo
Sculpture	Umzekelo
Style	Isimbo

Archeology
Inzululwazi Yezinto Zaku

Analysis	Uhlalutyo
Antiquity	Amandulo
Bones	Amathambo
Civilization	Impucuko
Descendant	Inzala
Era	Era
Evaluation	Uvavanyo
Expert	Ingcali
Forgotten	Ilibwe
Fossil	Ifossil
Mystery	Umfihlo
Objects	Izinto
Professor	Unjinga
Relic	I-Relic
Researcher	Wafumana
Team	Iqela
Temple	Itempile
Tomb	Ngcwaba
Unknown	Ongaziwayo

Art Supplies
Izibonelelo Zobugcisa

Acrylic	Acrylic
Brushes	Ibhasha
Camera	Ikhamera
Chair	Isitulo
Clay	Eclay
Creativity	Ubudala
Easel	Easel
Eraser	I-Raser
Glue	Igcawu
Ideas	Izimvo
Ink	Ink
Oil	Oli
Paper	Iphepha
Pencils	Iipensi
Table	Itabile
Water	Amanzi

Astronomy
Inzululwazi Ngeenkwenkwe

Asteroid	I-Asteroid
Astronaut	I-Astronaut
Constellation	Amaqela
Cosmos	I-Cosmos
Earth	Umhlaba
Eclipse	Umnyama
Equinox	Equinox
Galaxy	Umhlala
Meteor	I-Meteor
Moon	Inyanga
Nebula	Zegama
Observatory	Umbutho
Planet	Iplanethi
Radiation	Imisa
Rocket	Irokethi
Satellite	Isatellite
Sky	Isibhakabhaka
Solar	Ilanga
Supernova	Supernova
Zodiac	Izodiac

Barbecues
Iibarbecues

Chicken	Inkukhu
Children	Abantwana
Family	Usapho
Food	Ukutya
Forks	Ifowu
Friends	Abahlobo
Fruit	Isiqhamo
Games	Imidlalo
Grill	Igquma
Hot	Okushisayo
Hunger	Indlala
Knives	Iincebe
Music	Umculo
Onions	Itswele
Salads	Isaladi
Salt	Ityuwa
Sauce	I-Souce
Summer	Ihlobo
Tomatoes	Imatata
Vegetables	Imifuno

Bathroom
Igumbi Lokuhlambela

Bath	Ibhafu
Bubbles	Amaqhaka
Faucet	I-Faucet
Lotion	Lotion
Mirror	Jonga
Perfume	I-Perfume
Rug	I-Rug
Scissors	Isikere
Shampoo	Ishampoo
Shower	Ishasha
Soap	Isepha
Sponge	Isiponge
Steam	Steam
Toilet	Yangasese
Towel	Itawuli
Water	Amanzi

Beach
Beelwandle

Blue	Luhlaza
Boat	Isiqephu
Coast	Unxweme
Crab	Unonkala
Dock	Idock
Island	Isiqithi
Lagoon	I-Lagoon
Reef	Iref
Sailboat	Isikhibhana
Sand	Isandla
Sandals	Iimpathu
Sea	Ulwandle
Sun	Ilanga
Towel	Itawuli
Umbrella	Umbrella
Vacation	Ikhefu

Beauty
Ubuhle

Charm	Umkhuleko
Color	Umbala
Cosmetics	Izithombe
Curls	I-Curls
Elegance	Ubudala
Elegant	Intle
Fragrance	Igugu
Grace	Ubabalo
Lipstick	Lipstick
Mascara	Mascara
Mirror	Jonga
Photogenic	Iphotogenic
Scissors	Isikere
Services	Iinkonzo
Shampoo	Ishampoo
Skin	Ulusu
Stylist	Uluhlu

Bees
Iinyosi

Beneficial	Inzuzo
Blossom	Natal
Diversity	Iyantlukwano
Ecosystem	I-Ecosystem
Flowers	Iintyambo
Food	Ukutya
Fruit	Isiqhamo
Garden	Igadi
Hive	I-Hiv
Honey	Ubusi
Insect	Isisungu
Plants	Izityalo
Pollen	Umpoleni
Pollinator	Upollinator
Queen	Ukumkanikazi
Smoke	Tshaya
Sun	Ilanga
Swarm	I-Swum
Wax	Baba Namandla
Wings	Aso

Birds
Iintaka

Canary	Ikhanari
Chicken	Inkukhu
Crow	Umhlobo
Cuckoo	Cuckoo
Dove	Ihobe
Duck	Idada
Eagle	Ukhozi
Egg	Egg
Flamingo	Flamingo
Goose	Igusi
Heron	I-Heron
Ostrich	Inciniba
Parrot	Iparrot
Peacock	Ipikoko
Pelican	Pelican
Penguin	Ipenguin
Sparrow	I-Sparrow
Stork	Stork
Swan	Iinketho
Toucan	Toucan

Boats
Izikhephe

Anchor	I-Anchor
Buoy	Ibuoy
Canoe	Ikanoe
Crew	Abasebenzi
Dock	Idock
Engine	Injini
Ferry	Iphepha
Kayak	Kayak
Lake	Ichibi
Mast	Imast
Nautical	I-Nautical
Raft	I-Raft
River	Umlambo
Rope	Intambo
Sailboat	Isikhibhana
Sailor	Umatilo
Sea	Ulwandle
Tide	I-Tide
Waves	Amaza
Yacht	Yacht

Books
Iincwadi

Adventure	I-Adventure
Author	Umbhali
Collection	Ingqelelo
Context	Meko
Duality	Ubudini
Epic	I-Epic
Historical	Zembali
Humorous	Amahle
Inventive	Imvume
Literary	Uncwadi
Narrator	Umbalisi
Novel	Inoveli
Page	Iphepha
Poem	Umbongo
Poetry	Isihobe
Reader	Umfundi
Relevant	Afanelekileyo
Story	Ibali
Tragic	Intlungu
Written	Ukubhalwa

Boxing
Umdlalo Wamanqindi

Bell	Bell
Body	Umzimba
Chin	Isilevu
Corner	Ikona
Elbow	Iqinile
Exhausted	Ndidileyo
Fighter	Umlwa
Fist	Iqela
Focus	Ugqaliso
Gloves	Iigloves
Kick	Khaba
Opponent	Umchasi
Quick	Khawuleza
Recovery	Imali
Referee	Usompempe
Skill	Ubuchule
Strength	Amandla

Buildings
Izakhiwo

Apartment	Apartment
Barn	Ibhala
Cabin	Ikhabini
Castle	I-Castle
Cinema	Icinema
Factory	Ifektri
Farm	Ifam
Garage	Igaraji
Hospital	Isibhedlele
Hostel	Hostele
Hotel	Ihotele
Laboratory	Ilabhoratri
Museum	Imuseum
Observatory	Umbutho
School	Isikolo
Stadium	Istadium
Tent	Intente
Theater	Umdlalo
Tower	Inqaba
University	Ngezifundo

Business
Ushishino

Budget	Ulwabiwo-Mali
Career	Umsebenzi
Company	Inkampani
Cost	Iindleko
Discount	I-Discount
Economics	Uqoqosho
Employee	Umqeshwa
Employer	Umqeshi
Factory	Ifektri
Finance	Iimali
Income	Ingeniso
Investment	Utyalo-Mali
Manager	Umphathi
Merchandise	Intengiso
Money	Imali
Office	Iofisi
Profit	Inzuzo
Sale	Ukuthengiswa
Shop	Thenga
Taxes	Irhafu

Camping
Ukukhempisha

Adventure	I-Adventure
Animals	Izilwanyana
Cabin	Ikhabini
Canoe	Ikanoe
Compass	I-Compass
Fire	Umlilo
Forest	Ihlathi
Fun	Onwaba
Hammock	Ihammock
Hat	Umnqwazi
Hunting	Ukuzinga
Insect	Isisungu
Lake	Ichibi
Map	I-Map
Moon	Inyanga
Mountain	Ntaba
Nature	Indalo
Rope	Intambo
Tent	Intente
Trees	Imithi

Chemistry
Ikhemistri

Acid	I-Acid
Alkaline	Astatine
Atomic	Atomiki
Carbon	Ikhabhoni
Catalyst	I-Catalyst
Chlorine	Iklorin
Electron	I-Elektron
Elements	Izinto
Enzyme	I-Ennyme
Gas	Igasi
Heat	Ubushushu
Ion	I-Ion
Liquid	Ulwemi
Metals	Iimetali
Molecule	Imolekyuli
Nuclear	I-Nuclear
Organic	I-Organic
Oxygen	Name
Salt	Ityuwa
Weight	Ubunzima

Chess
Chessgenericname

Black	Mnyama
Champion	Ingqweleli
Contest	Ukhuphiswano
Diagonal	Yoxwesiso
Game	Umdlalo
King	Ukumkani
Opponent	Umchasi
Passive	I-Pasive
Player	Umdlali
Queen	Ukumkanikazi
Rules	Imigaqo
Sacrifice	Idini
Strategy	Iqhinga
Time	Ixesha
Tournament	Uthetho
White	Mhlophe

Chocolate
Itshokholethi

Antioxidant	I-Antioxidant
Bitter	Ubukrakra
Cacao	I-Cacao
Calories	Iikalori
Caramel	Icaramel
Coconut	Ikhokhonathi
Delicious	Okunandi
Exotic	Ngaphambili
Favorite	Oyithandayo
Flavor	Incapho
Ingredient	Isithako
Peanuts	Amadongo
Quality	Umgangatho
Recipe	Iresiphi
Sugar	Isekela
Sweet	Amanzi
Taste	Incasa

Circus
Isekisi

Acrobat	I-Acrobat
Animals	Izilwanyana
Balloons	Ibhunene
Costume	Isixhobo
Elephant	Ndlovu
Juggler	Ijuggler
Lion	Ingonyama
Magic	Umlingo
Monkey	Umhlaba
Music	Umculo
Parade	I-Parade
Show	Bonisa
Spectator	Umboni
Tent	Intente
Tiger	I-Tiger
Trick	Trick

Climbing
Ukunyuka

Altitude	Uphando
Atmosphere	Umoya
Boots	Ibhuthu
Cave	Umgqolo
Curiosity	Umfuno
Expert	Ingcali
Gloves	Iigloves
Guides	Izikhokelo
Helmet	I-Hemet
Hiking	Ukuhamba
Injury	Ukwenzakala
Map	I-Map
Narrow	Emncinci
Stability	Uzinzi
Strength	Amandla
Training	Uqeqesho

Clothes
Iimpahla

Apron	I-Apron
Blouse	Ibhuzimu
Bracelet	Ibracelet
Coat	Ibhathi
Dress	Inxiba
Fashion	Ifeshini
Gloves	Iigloves
Hat	Umnqwazi
Jacket	Ijacket
Jeans	Ijean
Jewelry	Iziqinisekiso
Necklace	Inxeko
Pajamas	I-Pajamas
Pants	Ibhululwe
Sandals	Iimpathu
Scarf	Isikhafu
Shirt	Ihepa
Shoe	Isiathu
Skirt	Skirt
Sweater	Iswater

Colors
Imibala

Azure	Azure
Beige	Beige
Black	Mnyama
Blue	Luhlaza
Brown	Ntsundu
Cyan	Cyan
Fuchsia	Fuchsia
Grey	Ngwevu
Magenta	Ibomvu
Orange	Orenji
Pink	I-Pink
Purple	Mfusa
Red	Bomvu
Sepia	I-Sepia
Violet	I-Violet
White	Mhlophe
Yellow	Mthubi

Countries #1
Amazwe #1

Brazil	Brazil
Canada	Us
Egypt	Eyiputa
Finland	Finlend
Germany	Jemani
Iraq	Irakh
Israel	Sirayeli
Italy	Elamataliyane
Latvia	Lathviya
Libya	Italy
Morocco	Macau
Nicaragua	Nikharaguwa
Norway	Norowe
Panama	Phanama
Poland	Pholend
Romania	Romaniya
Senegal	Senego
Spain	Speyin
Venezuela	Venezuwela
Vietnam	Viyethnam

Countries #2
Amazwe #2

Albania	Ihungary
Denmark	Dominikha
Ethiopia	Etopiya
Greece	Grisi
Haiti	Fiji
Jamaica	Guam
Japan	Japhan
Kenya	Khenya
Laos	Lawos
Lebanon	Libhanon
Liberia	Eliberia
Mexico	Mekhsikho
Nepal	Nephal
Nigeria	Enigcria
Pakistan	Phakistan
Somalia	Somaliya
Sudan	Sudan
Syria	Aram
Uganda	We -
Ukraine	Yukreyini

Dance
Umdaniso

Academy	I-Academy
Art	Unguye
Body	Umzimba
Choreography	Ichoreografi
Classical	Okuqala
Cultural	Yenkcubeko
Culture	Inkcubeko
Emotion	Imvakalelo
Expressive	Okuthethayo
Grace	Ubabalo
Joyful	Uvuyileyo
Movement	Ukushumayela
Music	Umculo
Partner	Umqhuba
Rhythm	Isixesha
Traditional	Ezemveli
Visual	Okubonwayo

Days and Months
Imihla Kunye Iinyanga

April	Ngoaprili
August	Agasti
Calendar	Ikhalenda
February	Eyomdumba
Friday	Ulwesihlanu
January	Eyomqungu
July	Eyekhala
March	Eyokwindla
Monday	Umvulo
Month	Inyanga
November	Eyenkanga
October	Eyedwarha
Saturday	Mgqibelo
September	Eyomsintsi
Sunday	Icawe
Thursday	Ulwesine
Tuesday	Ulwesibini
Wednesday	Ulwesithathu
Week	Iveki
Year	Nyaka

Diplomacy
Uzakuzo

Adviser	Icebiso
Ambassador	Unozwela
Citizens	Abemi
Civic	Civic
Community	Uluntu
Conflict	Ingxaki
Diplomatic	Udiplomatika
Discussion	Ingxoxo
Ethics	Nobuntu
Foreign	Langaphandle
Government	Urhulumente
Humanitarian	Umntu
Integrity	Indima
Justice	Ubulungisa
Languages	Ielwimi
Politics	Ezopolitiko
Resolution	Isigqibo
Security	Ukhuseleko
Solution	Isisombululo
Treaty	Isivumelwano

Driving
Lokuqhuba

Accident	Ingozi
Brakes	Iibreki
Bus	Ibhasi
Driver	Umqhubi
Fuel	Izibusi
Garage	Igaraji
Gas	Igasi
License	Iphepha-Mvume
Map	I-Map
Motor	Imoto
Motorcycle	Isithuthuthu
Police	Mapolisa
Road	Indlela
Safety	Ukhuseleko
Speed	I-Speed
Street	Isitalato
Traffic	Izithuthi
Transportation	Ezothutho
Truck	Ilori
Tunnel	Itunnel

Energy
Amandla Ombane

Battery	Ibhetri
Carbon	Ikhabhoni
Diesel	Idizili
Electric	Umbane
Electron	I-Elektron
Engine	Injini
Entropy	Entropy
Environment	Imeko
Fuel	Izibusi
Gasoline	Igasoline
Heat	Ubushushu
Hydrogen	Name
Industry	Ishishini
Motor	Imoto
Nuclear	I-Nuclear
Photon	Ifotoni
Pollution	Ungcoliseko
Renewable	Ihlaziywa
Turbine	Iturbine
Wind	Umoya

Engineering
Ubunjineli

Angle	I-Angle
Axis	Axis
Calculation	Ukubala
Construction	Ukwakhiwa
Depth	Bunzulu
Diagram	Idiagram
Diesel	Idizili
Distribution	Ukwasasa
Energy	Amandla
Engine	Injini
Levers	Iziqinisekiso
Liquid	Ulwemi
Machine	Umtshini
Measurement	Uthathelo
Motor	Imoto
Propulsion	Inkqubo
Stability	Uzinzi
Structure	Ubume

Ethics
Ukuziphatha

Altruism	Uluntu
Compassion	Imfesane
Dignity	Isidima
Diplomatic	Udiplomatika
Honesty	Ukunyaniseka
Humanity	Ubuntu
Individualism	Umntu Ngamntu
Integrity	Indima
Kindness	Ububele
Optimism	Ithemba
Patience	Umonde
Philosophy	Iphlosofi
Rationality	Ingqiqo
Realism	Inyaniso
Respectful	Ngenhlonipho
Tolerance	Unyamezelo
Wisdom	Ubulumko

Family
Usapho

Ancestor	Unyazi
Aunt	Makazi
Brother	Ubhuti
Child	Umntwana
Childhood	Ubuntwana
Children	Abantwana
Cousin	Umzala
Daughter	Intomba
Grandchild	Umzukulu
Grandfather	Utatomkhulu
Grandmother	Umakhulu
Husband	Umyeni
Mother	Umama
Nephew	Umtshana
Niece	Umnice
Paternal	Utata
Sister	Usisi
Twins	Amawele
Uncle	Malume
Wife	Umfazi

Farm #1
Ifama #1

Agriculture	Ezolimo
Bee	Ibee
Bison	Inyanya
Calf	Ithole
Cat	Cat
Chicken	Inkukhu
Cow	Yenkomo
Crow	Umhlobo
Dog	Inja
Donkey	Idonki
Fence	Uthando
Fertilizer	Isichumi
Field	Umhlaba
Goat	Ibhokhwe
Hay	Ifula
Honey	Ubusi
Horse	Ihashi
Rice	Irisi
Seeds	Imbewu
Water	Amanzi

Farm #2
Ifama #2

Animals	Izilwanyana
Barley	Ibhale
Barn	Ibhala
Corn	Umbona
Duck	Idada
Farmer	Mlimi
Food	Ukutya
Fruit	Isiqhamo
Lamb	Imvana
Llama	Llama
Meadow	Amadoda
Milk	Ubisi
Orchard	Amayeza
Sheep	Izimvu
Tractor	Itrekta
Vegetable	Imifuno
Wheat	Ingqolowa

Fishing
Ukuloba

Bait	I-Bait
Basket	I-Basket
Beach	Ebheke
Boat	Isiqephu
Cook	Phekisa
Exaggeration	Ukubaxa
Fins	Iimpendulo
Gills	Iigidi
Hook	Hook
Jaw	Umhlathi
Lake	Ichibi
Ocean	Ulwandle
Patience	Umonde
River	Umlambo
Water	Amanzi
Weight	Ubunzima

Flowers
Iintyatyambo

Bouquet	I-Bouquet
Clover	I-Clover
Daisy	I-Daisy
Dandelion	Idandelion
Gardenia	Gardenia
Hibiscus	I-Hibiscus
Jasmine	Ujasmine
Lavender	Laveder
Lilac	Lilac
Lily	Lily
Magnolia	Magnolia
Orchid	I-Orchid
Peony	Ipeoni
Petal	Petal
Plumeria	Iplumeria
Poppy	Upopy
Sunflower	Ujonga
Tulip	Tulip

Food #1
Ukutya #1

Apricot	I-Aprikothi
Barley	Ibhale
Basil	I-Basil
Carrot	Iminqatha
Cinnamon	Isinamon
Garlic	Igalikhi
Juice	Ijuisi
Lemon	Ilamuni
Milk	Ubisi
Onion	Itswele
Peanut	I-Peanut
Pear	Ipere
Salad	Isalad
Salt	Ilyuwa
Soup	Isophu
Spinach	Ispinatshi
Sugar	Isekela
Tofu	Tofu
Tuna	Tuna
Turnip	Ijimbu

Food #2
Ukutya #2

Apple	Apile
Artichoke	I-Artichoke
Banana	Ibhanana
Bread	Isona
Broccoli	Ibrokholi
Celery	Isileri
Cheese	Ishishi
Cherry	Itsheri
Chicken	Inkukhu
Chocolate	Itshokoleti
Egg	Egg
Fish	Intlanzi
Grape	Umdiliya
Ham	Iham
Kiwi	Ikiwi
Mushroom	Imashurumi
Rice	Irisi
Tomato	Itumato
Wheat	Ingqolowa
Yogurt	Iyoguti

Force and Gravity
Umkhosi Kwaye Umbizane W

Axis	Axis
Center	Iziko
Discovery	Ukufumaneka
Distance	Umgama
Dynamic	I-Dynamic
Expansion	Ukwandisa
Magnetism	I-Manetism
Mechanics	Oomatshini
Orbit	Umqulunko
Physics	Ifizisithi
Pressure	Uxinzelelo
Properties	Iimpawu
Speed	I-Speed
Time	Ixesha
Universal	Imizekelo
Weight	Ubunzima

Fruit
Iziqhamo

Apple	Apile
Apricot	I-Aprikothi
Avocado	Iponyoponyo
Banana	Ibhanana
Berry	Iberry
Cherry	Itsheri
Coconut	Ikhokhonathi
Fig	Isazobe
Grape	Umdiliya
Guava	I-Guava
Kiwi	Ikiwi
Lemon	Ilamuni
Mango	Imango
Melon	Imelon
Nectarine	I-Nectarine
Papaya	Ipapaya
Peach	Iphitshi
Pear	Ipere
Pineapple	Ipanapula
Raspberry	Irasbheri

Garden
Umyezo

Bench	Ibhnshi
Bush	Bush
Fence	Uthando
Flower	Intyambo
Garage	Igaraji
Garden	Igadi
Grass	Ingca
Hammock	Ihammock
Hose	Ikhaya
Orchard	Amayeza
Pond	I-Pond
Rake	Rake
Shovel	Umhlavu
Terrace	I-Tetravex
Trampoline	I-Trampoline
Tree	Umthi
Weeds	Ukhula

Gardening
Ukulima

Blossom	Natal
Botanical	Ibhatanicali
Bouquet	I-Bouquet
Climate	Imeko Yezulu
Compost	I-Compost
Container	Isixhobo
Dirt	Ubuchule
Edible	Edible
Exotic	Ngaphambili
Floral	Iintyantyambo
Foliage	Ihlaba
Hose	Ikhaya
Leaf	Iqhaca
Moisture	Ukufuma
Orchard	Amayeza
Seasonal	Ixesha
Seeds	Imbewu
Water	Amanzi

Geography
Ijografi

Altitude	Uphando
Atlas	Atlas
City	Isixeko
Continent	Ezwezwe
Country	Ilizwe
Elevation	Ukunyuka
Equator	Way
Hemisphere	I-Hemisphere
Island	Isiqithi
Latitude	Ummandla
Map	I-Map
Meridian	Meridian
Mountain	Ntaba
North	Mantla
Region	Ingqiqo
River	Umlambo
Sea	Ulwandle
South	Mazantsi
Territory	Umthetho
World	Ehlabathini

Geology
Ijoloji

Acid	I-Acid
Calcium	Icalcium
Cavern	Umqhele
Continent	Ezwezwe
Coral	I-Coral
Crystals	Iinqwaba
Cycles	Umjikelo
Earthquake	Inyikima
Erosion	Ukhuseleko
Fossil	Ifossil
Geyser	Igeyser
Lava	I-Lava
Layer	Ulenko
Minerals	Iiminerals
Plateau	Iplateau
Quartz	Iquartz
Salt	Ityuwa
Stalactite	Stalactite
Stone	Amatya
Volcano	Ivolcano

Geometry
Ijiyometri

Angle	I-Angle
Calculation	Ukubala
Circle	Isangqa
Curve	Igxa
Dimension	Umlinganiso
Equation	Lenxaki
Height	Ubude
Horizontal	Tye
Logic	I-Logic
Mass	Umsa
Median	Imidian
Number	Inani
Parallel	Ezimeleneyo
Proportion	Uhlelo
Segment	Icandelo
Surface	Umhlaba
Symmetry	Symmetry
Theory	Ingcaciso
Triangle	Utriange
Vertical	Ngqo

Government
Urhulumente

Citizenship	Ubumi
Civil	Umsebenzi
Constitution	Umgaqo-Siseko
Democracy	Idemokrasi
Discussion	Ingxoxo
Equality	Ukulingana
Independence	Uzimele
Judicial	Matyala
Justice	Ubulungisa
Law	Umthetho
Leader	Inkokeli
Liberty	Inkululeko
Monument	Monument
Nation	Isizwe
Peaceful	Uxolo
Politics	Ezopolitiko
Speech	Intetho
State	Urhulumente
Symbol	Umfanekiso

Hair Types
Iinwele Iintlobo

Bald	Inkalezi
Black	Mnyama
Blond	Ibhundi
Braided	Elukweyo
Braids	I-Braids
Brown	Ntsundu
Colored	Imibala
Curls	I-Curls
Curly	Ikheli
Dry	Yomile
Gray	Ngwevu
Healthy	Impilo
Long	Mde
Shiny	Shiny
Short	Futshane
Soft	Ithole
Thick	Iqiniswe
Thin	Ncinci
White	Mhlophe

Health and Wellness #1
Impilo Ngempilo Nokuba S

Active	Iyasebenza
Bacteria	I-Bacteria
Bones	Amathambo
Clinic	Ikliniki
Doctor	Ugqirha
Fracture	Ukwahluka
Habit	Umkhwa
Height	Ubude
Hormones	Iihormoni
Hunger	Indlala
Injury	Ukwenzakala
Medicine	Iyeza
Muscles	Izihlunu
Nerves	Imicimbi
Pharmacy	Ikhemi
Reflex	Reflex
Relaxation	Ukuphumula
Skin	Ulusu
Therapy	Unyango

Health and Wellness #2
Impilo Ngempilo Nokuba S

Allergy	Ukwala
Anatomy	I-Anatomi
Appetite	Ukudla
Blood	Igazi
Calorie	Ikalori
Diet	Ukutya
Disease	Isifo
Energy	Amandla
Genetics	Ufuzo
Healthy	Impilo
Hospital	Isibhedlele
Hygiene	Ucoceko
Infection	Usulelo
Massage	Ukumosisa
Mood	Imod
Nutrition	Izondlo
Recovery	Imali
Stress	Usamuel
Vitamin	I-Vitamin
Weight	Ubunzima

Herbalism
Ukusetyenziswa Kweengcam

Aromatic	Amaromatiki
Basil	I-Basil
Beneficial	Inzuzo
Culinary	Iculinary
Fennel	I-Fennel
Flavor	Incapho
Flower	Intyambo
Garden	Igadi
Garlic	Igalikhi
Green	Luhlaza
Ingredient	Isithako
Lavender	Laveder
Marjoram	Umarjoram
Mint	I-Mint
Oregano	Oregano
Parsley	Iparsley
Plant	Izityalo
Rosemary	Urosemary
Saffron	Isafron
Tarragon	Itarragon

Hiking
Ukunyuka Intaba

Animals	Izilwanyana
Boots	Ibhuthu
Camping	Ikampuni
Cliff	Cliff
Climate	Imeko Yezulu
Guides	Izikhokelo
Heavy	Kunzima
Map	Imap
Mountain	Ntaba
Nature	Indalo
Orientation	Ulwaziso
Parks	Iiparaka
Stones	Amatya
Summit	I-Summit
Sun	Ilanga
Tired	Udinwe
Water	Amanzi
Wild	Endle

House
Indlu

Attic	I-Attic
Basement	I-Basement
Broom	Umtshayelelo
Curtains	Umkhusana
Door	Ucango
Fence	Uthando
Fireplace	Ifireplace
Floor	Umphakathi
Furniture	Ifenisha
Garage	Igaraji
Garden	Igadi
Keys	Iziqhobo
Kitchen	Name
Lamp	Isibane
Mirror	Jonga
Roof	Uphahla
Room	Igumbi
Shower	Ishasha
Wall	Udonga
Window	Ifestile

Human Body
Oluntu Umzimba

Ankle	I-Ankle
Blood	Igazi
Bones	Amathambo
Brain	Ingqondo
Chin	Isilevu
Ear	Indlebe
Elbow	Iqinile
Face	Ubuso
Finger	Umnwe
Hand	Isandla
Head	Intloko
Heart	Intliziyo
Jaw	Umhlathi
Knee	Iguqe
Leg	Umlenze
Mouth	Umlomo
Neck	Intamo
Nose	Impumlo
Shoulder	Igxaxa
Skin	Ulusu

Insects
Izinambuzane

Ant	Imbovava
Aphid	I-Aphid
Bee	Ibee
Beetle	Uqhube
Butterfly	Ibhabhata
Cicada	Ciada
Cockroach	Iqela
Dragonfly	Idlange
Flea	Intakumba
Grasshopper	Intombi
Hornet	I-Hornet
Ladybug	Ladybug
Larva	I-Larva
Locust	Intethe
Mantis	Umantis
Mosquito	Incinci
Moth	Inundu
Termite	Termite
Wasp	Wasp
Worm	Umncoko

Jazz
I-Jazz

Album	Ialbhamu
Artist	Umculi
Composer	Umqambi
Composition	Uhlelo
Concert	Ikonsathi
Drums	Amagubu
Emphasis	Uqinisekiso
Famous	Odumileyo
Favorites	Ozithandayo
Improvisation	Ukuphuculwa
Music	Umculo
New	Entsha
Old	Kudala
Orchestra	Ochestra
Rhythm	Isixesha
Song	Ingoma
Style	Isimbo
Talent	Ithalenti
Technique	Ubugcisa

Kitchen
Ikhitshi

Apron	I-Apron
Bowl	Ibhuku
Chopsticks	Iziqinisekiso
Cups	Ikombe
Food	Ukutya
Forks	Ifowu
Freezer	Isikhisi
Grill	Igquma
Jug	Ijug
Kettle	Ikettle
Knives	Iincebe
Napkin	Napkin
Oven	Ioveni
Recipe	Iresiphi
Refrigerator	Isiqinisekiso
Spices	Izinongo
Sponge	Isiponge
Spoons	Ikhefu

Landscapes
Imbonakalo Yomhlaba

Beach	Ebheke
Cave	Umgqolo
Cliff	Cliff
Desert	Inhlango
Geyser	Igeyser
Glacier	I-Glacer
Hill	Igquma
Iceberg	Iceberg
Island	Isiqithi
Lake	Ichibi
Mountain	Ntaba
Oasis	I-Oasis
Peninsula	Ipeninsula
River	Umlambo
Sea	Ulwandle
Swamp	Umwambo
Tundra	I-Tundra
Valley	Intlambo
Volcano	Ivolcano
Waterfall	Amanzi

Literature
Uluncwadi

Analysis	Uhlalutyo
Anecdote	I-Anecdote
Author	Umbhali
Biography	Ibhyografi
Comparison	Uthelekiso
Conclusion	Isiphelo
Description	Inkcazo
Dialogue	I-Dialogue
Fiction	Intsomi
Metaphor	Umfanekiso
Narrator	Umbalisi
Novel	Inoveli
Opinion	Uluvo
Poem	Umbongo
Poetic	Isihobe
Rhyme	I-Rhyme
Rhythm	Isixesha
Style	Isimbo
Theme	Umxholo
Tragedy	Intlungu

Mammals
Izilwanyana Ezanyisayo

Bear	Bhebha
Beaver	Ibheva
Bull	Inkunzi
Cat	Cat
Coyote	I-Coyote
Dog	Inja
Dolphin	Idolphin
Elephant	Ndlovu
Fox	Impungutye
Giraffe	Girl
Gorilla	Ugorilla
Horse	Ihashi
Kangaroo	Ikangaroo
Lion	Ingonyama
Monkey	Umhlaba
Rabbit	Umvundla
Sheep	Izimvu
Whale	I-Whale
Wolf	Ingcuka
Zebra	Uzebra

Math
Imathematika

Angles	Iindlela
Arithmetic	I-Arithmetic
Circumference	Isakhiwo
Decimal	Idecimal
Equation	Lenxaki
Exponent	Isalathi
Fraction	Iqhelo
Geometry	Ijometri
Parallel	Ezimeleneyo
Parallelogram	Ipalalologram
Perimeter	Perimeter
Polygon	Ipolygon
Rectangle	Uxande
Square	I-Square
Symmetry	Symmetry
Triangle	Utriange
Volume	Umqulu

Measurements
Imilinganiselo

Byte	Byte
Centimeter	Centiter
Decimal	Idecimal
Degree	Iqondo
Depth	Bunzulu
Gram	Gram
Inch	I-Intshi
Kilogram	Kilogram
Kilometer	Kilometer
Length	Ubude
Liter	Isilivere
Mass	Umsa
Meter	Imitha
Minute	Mzuzu
Ounce	Ounce
Ton	I-Ton
Volume	Umqulu
Weight	Ubunzima
Width	Ubunzi

Meditation
Ukucamngca

Acceptance	Ukwamkelela
Awake	Vuka
Breathing	Ukuphefumla
Calm	Zola
Clarity	Ingcaciso
Compassion	Imfesane
Emotions	Iimvakalelo
Gratitude	Umbulelo
Habits	Imikhuba
Kindness	Ububele
Mental	Ngengqondo
Mind	Ingqondo
Movement	Ukushumayela
Music	Umculo
Nature	Indalo
Peace	Uxolo
Perspective	Imbono
Silence	Cwaka
Thoughts	Iingcinga

Music
Umculo

Album	Ialbhamu
Ballad	Ibhola
Chorus	Chorus
Classical	Okuqala
Eclectic	I-Eclectic
Harmonic	Iharmonic
Harmony	Kweharmony
Instrument	Instrument
Lyrical	I-Lyrical
Melody	Melody
Microphone	Umzikrofoni
Musical	Umculo
Opera	I-Opera
Poetic	Isihobe
Recording	Ukurekhoda
Rhythm	Isixesha
Rhythmic	Isixeko
Sing	Cula
Singer	Imvumi
Vocal	Vocal

Musical Instruments
Izixhobo Zomculo

Banjo	Banjo
Bassoon	Basoon
Cello	Cello
Clarinet	I-Clarinet
Drum	Idrum
Flute	Flute
Gong	Igongo
Guitar	Igita
Harmonica	Eharmonica
Harp	Iharp
Mandolin	I-Mandolin
Marimba	Marimba
Oboe	Oboe
Percussion	Ingxaki
Piano	Ipiano
Saxophone	I-Saxophone
Tambourine	Tambouine
Trombone	Itrombone
Trumpet	Ixilongo
Violin	Iviolin

Mythology
Intsomi

Archetype	I-Archetype
Behavior	Ukuziphatha
Beliefs	Iinkolelo
Creation	Ndalo
Creature	Isidalwa
Culture	Inkcubeko
Deities	Izithixo
Disaster	Intlekele
Heaven	Izulu
Immortality	Ukungafi
Jealousy	Umona
Labyrinth	I-Labyrinth
Legend	Intsomi
Lightning	Umbane
Monster	Rhamncwa
Mortal	Okufa
Revenge	Imbuyelelo
Strength	Amandla
Thunder	Indumo
Warrior	Iqhawe

Nature
Indalo

Animals	Izilwanyana
Arctic	I-Arctic
Beauty	Ubuhle
Bees	Inyosi
Clouds	Amafu
Desert	Inhlango
Dynamic	I-Dynamic
Erosion	Ukhuseleko
Fog	Inkungu
Foliage	Ihlaba
Forest	Ihlathi
Glacier	I-Glacer
Peaceful	Uxolo
River	Umlambo
Sanctuary	Ingcwele
Serene	Serene
Tropical	I-Tropical
Wild	Endle

Numbers
Amanani

Decimal	Idecimal
Eight	Sibhozo
Fifteen	Elinesihlanu
Five	Ntlanu
Four	Ezine
Fourteen	Shumi Elinane
Math	Izibalo
Nine	Thoba
One	Nye
Seven	Sixhengxe
Seventeen	Elinesixhenxe
Six	Ntandathu
Ten	Shumi
Three	Ntathu
Twelve	Elinesibini
Two	Mbini
Zero	Unothi

Nutrition
Isondlo

Appetite	Ukudla
Balanced	I-Balanced
Bitter	Ubukrakra
Calories	Iikalori
Diet	Ukutya
Digestion	Ukusiya
Edible	Edible
Fermentation	Ukubilelwa
Flavor	Incapho
Habits	Imikhuba
Healthy	Impilo
Liquids	Ulwemi
Nutrient	Izondlo
Proteins	Iiproteni
Quality	Umgangatho
Sauce	I-Souce
Spices	Izinongo
Toxin	Ityhefu
Vitamin	I-Vitamin
Weight	Ubunzima

Ocean
Ulwandle

Algae	I-Algae
Coral	I-Coral
Crab	Unonkala
Dolphin	Idolphin
Eel	I-Eel
Fish	Intlanzi
Jellyfish	Ijellyfish
Octopus	I-Okthophasi
Oyster	Oyster
Reef	Iref
Salt	Ityuwa
Seaweed	Ulwandle
Shark	Ukrebe
Shrimp	I-Shrimp
Sponge	Isiponge
Storm	Isiqwinga
Tides	I-Tide
Tuna	Tuna
Turtle	Ufudoqo
Whale	I-Whale

Pets
Izilwanyana Zasekhaya

Cat	Cat
Collar	Ikhola
Cow	Yenkomo
Dog	Inja
Fish	Intlanzi
Food	Ukutya
Goat	Ibhokhwe
Hamster	Ihamster
Kitten	Ukiten
Lizard	Icilishe
Mouse	Impuku
Parrot	Iparrot
Puppy	Indoda
Rabbit	Umvundla
Tail	Umsila
Turtle	Ufudoqo
Water	Amanzi

Philanthropy
Uncedo

Charity	Uthando
Children	Abantwana
Community	Uluntu
Contacts	Nabo
Finance	Iimali
Funds	Imali
Generosity	Isisa
Goals	Iinjongo
Groups	Amaqela
History	Imbali
Honesty	Ukunyaniseka
Humanity	Ubuntu
Mission	Umthetho
People	Abantu
Programs	Iinkqubo
Public	Oluntu
Youth	Ulutsha

Photography
Ukufota

Black	Mnyama
Camera	Ikhamera
Color	Umbala
Composition	Uhlelo
Contrast	Umahluko
Darkness	Ubumnyama
Definition	Ingcaciso
Format	Ifomu
Frame	Iframe
Lighting	Ukukhanya
Object	Injongo
Perspective	Imbono
Portrait	Eyokuqala
Shadows	Imithunzi
Subject	Umxholo
Texture	Ubudlo
Visual	Okubonwayo

Physics
Ifiziksi

Acceleration	Ukunyuka
Atom	Iatom
Chaos	Ikhaphethi
Chemical	Kanti
Density	Uxinaniso
Electron	I-Elektron
Engine	Injini
Expansion	Ukwandisa
Formula	Ifomu
Frequency	Ukuqheleka
Gas	Igasi
Magnetism	I-Manetism
Mass	Umsa
Mechanics	Oomatshini
Molecule	Imolekyuli
Nuclear	I-Nuclear
Particle	Bento
Relativity	Ulwalamano
Speed	I-Speed
Universal	Imizekelo

Plants
Izityalo

Bamboo	I-Bamboo
Bean	Imbotyi
Berry	Iberry
Botany	Ibhotani
Bush	Bush
Cactus	I-Cactus
Fertilizer	Isichumi
Flora	Uflora
Flower	Intyambo
Foliage	Ihlaba
Forest	Ihlathi
Garden	Igadi
Grass	Ingca
Ivy	Ivy
Moss	I-Moss
Petal	Petal
Root	Ingcambu
Stem	Isikhondo
Tree	Umthi
Vegetation	Uhlaza

Professions #1
Ubungcali #1

Ambassador	Unozwela
Athlete	Imbali
Attorney	Igwetha
Banker	Umbhanki
Cartographer	Ikhathographi
Dancer	Umdansi
Doctor	Ugqirha
Editor	Umhleli
Firefighter	Umcimi Omlilo
Geologist	Ijolojiwo
Hunter	Uzinzi
Jeweler	Ijweler
Lawyer	Igqwetha
Musician	Imvumi
Nurse	Unesi
Pharmacist	Usomazisi
Plumber	Iplumba
Sailor	Umatilo
Scientist	Isayensi
Tailor	Umqeqeshi

Professions #2
Imisebenzi #2

Astronaut	I-Astronaut
Chemist	Ikhemist
Detective	Umcuphi
Engineer	Injini
Farmer	Mlimi
Gardener	Umgcini-Gama
Illustrator	Umzekeliso
Inventor	Umhlaziyi
Investigator	Umphendi
Journalist	Intatheli
Linguist	Ulwimi
Painter	Umpendi
Philosopher	Isivivinyo
Photographer	Umfoto
Physician	Ugqirha
Pilot	Pilot
Professor	Unjinga
Researcher	Wafumana
Teacher	Umfundisi

Rainforest
Amahlathi Emvula

Amphibians	Amamfibi
Birds	Iintaka
Botanical	Ibhatanicali
Climate	Imeko Yezulu
Clouds	Amafu
Community	Uluntu
Diversity	Iyantlukwano
Indigenous	Imindwe
Insects	Iziganeko
Moss	I-Moss
Nature	Indalo
Preservation	Nogcino
Refuge	Inkcazo
Respect	Inhlonipho
Restoration	Ubuyiselo
Survival	Ukusinda
Valuable	Ixabisekileyo

Science
Inzululwazi

Atom	Iatom
Chemical	Kanti
Climate	Imeko Yezulu
Data	Idatha
Evolution	Iphuhliso
Experiment	Umva
Fact	Inyaniso
Fossil	Ifossil
Gravity	Umxhuzulane
Hypothesis	Uqheleko
Laboratory	Ilabhoratri
Method	Indlela
Minerals	Iiminerals
Molecules	Iimolekyuli
Nature	Indalo
Particles	Amanqaku
Physics	Ifizisithi
Plants	Izityalo
Scientist	Isayensi

Science Fiction
Into Engeyonyani Yebuchw

Atomic	Atomiki
Books	Iincwadi
Chemicals	Imichiza
Cinema	Icinema
Dystopia	I-Dystopia
Explosion	Udumbo
Extreme	Kakhulu
Fantastic	Fantastic
Fire	Umlilo
Futuristic	Ifuturisti
Galaxy	Umhlala
Illusion	I-Illusion
Mysterious	Ayimfihlo
Planet	Iplanethi
Robots	Irobothi
Technology	Iteknoloji
Utopia	Utopia
World	Ehlabathini

Scientific Disciplines
Uqeqesho Lwezenzululwazi

Anatomy	I-Anatomi
Archaeology	I-Archaeology
Astronomy	I-Astronomy
Biology	Ibhyology
Botany	Ibhotani
Chemistry	Ikhemistry
Ecology	Iekholoji
Geology	Ijoloji
Immunology	Iimunoloji
Kinesiology	Ikinesioloji
Linguistics	Izolwimi
Mechanics	Oomatshini
Meteorology	Imeteoroloji
Mineralogy	Ubumineralogy
Neurology	I-Neurology
Nutrition	Izondlo
Physiology	Ibhayisioloji
Psychology	I-Psychology
Sociology	Ezentlaloji
Zoology	Izooloji

Shapes
Iimilo

Arc	I-Arc
Circle	Isangqa
Cone	Ibhumbulu
Corner	Ikona
Cube	Beseli
Curve	Igxa
Cylinder	Isilinda
Edges	Kwimiphetho:
Hyperbola	I-Hyperbola
Line	Umgca
Oval	Oval
Polygon	Ipolygon
Prism	Iprism
Pyramid	Phiramidi
Rectangle	Uxande
Side	Icala
Square	I-Square
Triangle	Unquthu

Spices
Iziqholo

Anise	I-Anise
Bitter	Ubukrakra
Cardamom	Ikhadimom
Cinnamon	Isinamon
Clove	Ikakava
Coriander	Ikhorinder
Cumin	Cumin
Curry	Ikharry
Fennel	I-Fennel
Fenugreek	Ifenugreek
Flavor	Incapho
Garlic	Igalikhi
Ginger	Ijiki
Nutmeg	I-Nutmeg
Onion	Itswele
Paprika	Paprika
Saffron	Isafron
Salt	Ityuwa
Sweet	Amanzi
Vanilla	Ivanila

Sports
Ezemidlalo

Athlete	Imbali
Baseball	Ibhola
Basketball	Ibhskbhala
Bicycle	Ibhayiskile
Championship	Ubuntshintshi
Coach	Umqeqeshi
Game	Umdlalo
Golf	Igalufu
Gymnasium	Iyimnasium
Hockey	Ihoki
Movement	Ukushumayela
Player	Umdlali
Referee	Usompempe
Stadium	Istadium
Team	Iqela
Tennis	Ithenisi
Winner	Ophumileyo

The Company
I Company

Business	Ushishino
Creative	Okuyilayo
Decision	Isigqibo
Employment	Ingqesho
Industry	Ishishini
Innovative	Amasha
Investment	Utyalo-Mali
Possibility	Okwenzeka
Presentation	Ntetho
Product	Imveliso
Progress	Inkqubela
Quality	Umgangatho
Reputation	Udumo
Resources	Izixhobo
Revenue	Ingeniso
Risks	Ingozi
Units	Iiunithi

Time
Ixesha

After	Emva
Before	Phambi
Calendar	Ikhalenda
Clock	Woshi
Day	Mhla
Decade	I-Deshumi
Early	Ekuqaleni
Future	Ikamva
Hour	Yure
Minute	Mzuzu
Month	Inyanga
Morning	Ntseni
Night	Busuku
Noon	Emini
Now	Ngoku
Soon	Kungekudala
Today	Namhlanje
Week	Iveki
Year	Nyaka
Yesterday	Izolo

Town
Idolophu

Airport	I-Airport
Bakery	Ibhakabhaka
Bank	Ibhnki
Cinema	Icinema
Clinic	Ikliniki
Florist	Iintyantyambo
Gallery	Igalari
Hotel	Ihotele
Market	Imakethi
Museum	Imuseum
Pharmacy	Ikhemi
Salon	Isalon
School	Isikolo
Stadium	Istadium
Store	Igcokama
Theater	Umdlalo
University	Ngezifundo
Zoo	Ezoo

Universe
Indalo Iphela

Asteroid	I-Asteroid
Astronomy	I-Astronomy
Atmosphere	Umoya
Celestial	Ezulwini
Cosmic	I-Cosmic
Darkness	Ubumnyama
Equator	Way
Galaxy	Umhlala
Hemisphere	I-Hemisphere
Horizon	I-Horizon
Latitude	Ummandla
Longitude	Ubude
Moon	Inyanga
Orbit	Umqulunko
Sky	Isibhakabhaka
Solar	Ilanga
Solstice	I-Solstice
Telescope	Iteleskopu
Visible	Ebonakalayo
Zodiac	Izodiac

Vacation #2
Iholide #2

Airport	I-Airport
Beach	Ebheke
Camping	Ikampuni
Destination	Engqongileyo
Foreign	Langaphandle
Hotel	Ihotele
Island	Isiqithi
Journey	Uhambo
Leisure	Ukuzonwabisa
Map	I-Map
Passport	Ipasport
Sea	Ulwandle
Taxi	Itekisi
Tent	Intente
Train	Uqeqesho
Transportation	Ezothutho
Visa	I-Visa

Vegetables
Imifuno

Artichoke	I-Artichoke
Broccoli	Ibrokholi
Carrot	Iminqatha
Cauliflower	Icauliflower
Celery	Isileri
Cucumber	Netyhukhamba
Garlic	Igalikhi
Ginger	Ijiki
Mushroom	Imashurumi
Olive	Gqabi
Onion	Itswele
Parsley	Iparsley
Pea	I-Pea
Pumpkin	Ithanga
Radish	Radish
Salad	Isalad
Shallot	Ishalothi
Spinach	Ispinatshi
Tomato	Itumato
Turnip	Ijimbu

Vehicles
Izithuthi

Airplane	Inqwelomoya
Ambulance	I-Ambulance
Bicycle	Ibhayiskile
Boat	Isiqephu
Bus	Ibhasi
Caravan	Ikharavan
Engine	Injini
Ferry	Iphepha
Helicopter	Ihelikopter
Motor	Imoto
Raft	I-Raft
Rocket	Irokethi
Scooter	I-Scooter
Shuttle	Ishuttle
Submarine	Inkulana
Taxi	Itekisi
Tires	Amatayara
Tractor	Itrekta
Train	Uqeqesho
Truck	Ilori

Visual Arts
Ubugcisa Obubonakalayo

Architecture	Ubuyilo
Artist	Umculi
Chalk	I-Chalk
Clay	Eclay
Composition	Uhlelo
Creativity	Ubudala
Easel	Easel
Film	Ifilm
Masterpiece	Umkhulu
Pen	Ipen
Pencil	Ipensi
Perspective	Imbono
Photograph	Foto
Portrait	Eyokuqala
Sculpture	Umzekelo
Varnish	Ivarnish
Wax	Baba Namandla

Water
Amanzi

Canal	Umjelo
Evaporation	Ukuphupha
Flood	Umkhumbo
Frost	Ingqhamqwe
Geyser	Igeyser
Humidity	Ukufumaneka
Hurricane	Isichotho
Ice	Umkhenkce
Lake	Ichibi
Moisture	Ukufuma
Monsoon	Monsoon
Ocean	Ulwandle
Rain	Imvula
River	Umlambo
Shower	Ishasha
Snow	Ikhephu
Steam	Steam
Waves	Amaza

Weather
Imozulu

Atmosphere	Umoya
Breeze	Iphepho
Calm	Zola
Climate	Imeko Yezulu
Cloud	Ilifu
Drought	Imbalela
Dry	Yomile
Flood	Umkhumbo
Fog	Inkungu
Hurricane	Isichotho
Ice	Umkhenkce
Lightning	Umbane
Monsoon	Monsoon
Polar	Ipolar
Rainbow	Umthova
Sky	Isibhakabhaka
Storm	Isiqwinga
Thunder	Indumo
Tornado	Inkanyamba
Tropical	I-Tropical

Congratulations

You made it!

We hope you enjoyed this book as much as we enjoyed making it. We do our best to make high quality games.
These puzzles are designed in a clever way for you to learn actively while having fun!

Did you love them?

A Simple Request

Our books exist thanks your reviews. Could you help us by leaving one now?

Here is a short link which will take you to your order review page:

BestBooksActivity.com/Review50

MONSTER CHALLENGE!

Challenge #1

Ready for Your Bonus Game? We use them all the time but they are not so easy to find. Here are **Synonyms**!

Note 5 words you discovered in each of the Puzzles noted below (#21, #36, #76) and try to find 2 synonyms for each word.

Note 5 Words from *Puzzle 21*

Words	Synonym 1	Synonym 2

Note 5 Words from *Puzzle 36*

Words	Synonym 1	Synonym 2

Note 5 Words from *Puzzle 76*

Words	Synonym 1	Synonym 2

Challenge #2

Now that you are warmed-up, note 5 words you discovered in each Puzzle noted below (#9, #17, #25) and try to find 2 antonyms for each word. How many lines can you do in 20 minutes?

Note 5 Words from **Puzzle 9**

Words	Antonym 1	Antonym 2

Note 5 Words from **Puzzle 17**

Words	Antonym 1	Antonym 2

Note 5 Words from **Puzzle 25**

Words	Antonym 1	Antonym 2

Challenge #3

Wonderful, this monster 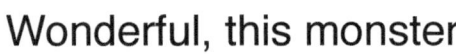 challenge is nothing to you!

Ready for the last one? Choose your 10 favorite words discovered in any of the Puzzles and note them below.

1.	6.
2.	7.
3.	8.
4.	9.
5.	10.

Now, using these words and within a maximum of six sentences, your challenge is to compose a text about a person, animal or place that you love!

Tip: You can use the last blank page of this book as a draft!

Your Writing:

Explore a Unique Store
Set Up **FOR YOU!**

MEGA DEALS

BestActivityBooks.com/**TheStore**

Designed for Entertainment!

Light Up Your Brain With Unique **Gift Ideas**.

Access **Surprising** And **Essential Supplies!**

CHECK OUT OUR MONTHLY SELECTION NOW!

- Expertly Crafted Products -

NOTEBOOK:

SEE YOU SOON!

Linguas Classics Team

BESTACTIVITYBOOKS.COM/FREEGAMES